Lorenz Jarass / Gustav M. Obermair

Wer soll das bezahlen?
Wege zu einer fairen und sachgerechten Besteuerung:
Begrenzung der Belastungen für alle, Mindest-Belastung für die Großen

**Prof. Dr. Lorenz JARASS** (www.JARASS.DE) wurde 1951 in Deggendorf/Bayern geboren. Dipl. Kaufmann (Universität Regensburg) und Dipl. Ing. (M.S., Stanford University, School of Engineering, Cal./ USA), Promotion über Windenergie, unter besonderer Berücksichtigung von Energiepreisen und Steuern. Seit 1986 Professor für Wirtschaftswissenschaften an der Fachhochschule Wiesbaden.

Über 50 Forschungs- und Beratungsprojekte in den Bereichen Besteuerung und Investitionen sowie ökonomische und ökologische Bewertung von Energiesystemen, u.a. für EU, Weltbank, Deutsche Bundesregierung und private Institutionen. Sieben Bücher und über 50 Veröffentlichungen; unter **http://www.JARASS.DE** können zahlreiche neuere Veröffentlichungen abgerufen werden. Seit 1980 Einladungen von der EU-Kommission, Brüssel, vom Europäischen Parlament, Brüssel, von der OECD (Organisation for Economic Co-Operation & Development), Paris und vom Deutschen Bundestag zu Energie-, Finanz- und Steuerfragen. Mitglied der Kommission zur Reform der Unternehmensbesteuerung, die seit 2001 in Kraft ist.

**Prof. Dr. Gustav M. OBERMAIR** wurde 1934 in München geboren. Studium der Physik und Soziologie, Promotion in Theoretischer Physik. 1964-70 Lehr- und Forschungstätigkeiten an Universitäten und Forschungsinstituten in Deutschland, Griechenland (UNO-Experte) und USA (Associate Prof. at Univ. of Pittsburgh). Seit 1970 ordentlicher Professor für Physik an der Universität Regensburg. 1971-1974 Rektor und Prorektor der Universität Regensburg.

Seit 1964 Veröffentlichungen in führenden internationalen Fachzeitschriften zu physikalischer Grundlagenforschung. Zudem Erst- oder Mitautor von 5 Büchern und zahlreichen Aufsätzen zu Themen wie Windenergie-Nutzung, Primär- und Endenergieeinsatz im weltweiten Vergleich, umweltgerechte Ausführungen von Hochspannungsleitungen, soziale Kosten von Infrastrukturmaßnahmen. Seit 1993 in Kooperation mit Prof. Jarass EU-Projekte zur Erstellung und Auswertung von international vergleichbaren Steuerstatistiken.

# Wer soll das bezahlen?

**Wege zu einer fairen und sachgerechten Besteuerung:
Begrenzung der Belastungen für alle,
Mindest-Belastung für die Großen**

Prof. Dr. Lorenz **JARASS,** M.S. (Stanford Univ./USA)
Fachhochschule Wiesbaden (www.JARASS.de)
Prof. Dr. Gustav M. **OBERMAIR**
Universität Regensburg

mit Anmerkungen von
MdB Dr. Barbara HÖLL und
Dieter ONDRACEK,
Bundesvorsitzender der Deutschen Steuer-Gewerkschaft

Metropolis-Verlag
Marburg 2002

**Die Deutsche Bibliothek – CIP-Einheitsaufnahme**
Ein Titeldatensatz für diese Publikation ist bei Der Deutschen Bibliothek
erhältlich.

Metropolis-Verlag für Ökonomie, Gesellschaft und Politik GmbH
Bahnhofstr. 16a, D-35037 Marburg
http://www.metropolis-verlag.de
Copyright: Metropolis-Verlag, Marburg 2002
Alle Rechte vorbehalten
Druck: Rosch-Buch, Scheßlitz
ISBN 3-89518-380-6

# Dieter ONDRACEK

## Bundesvorsitzender der Deutschen Steuer-Gewerkschaft

Wer zahlt zu wenig? Wer zuviel? Und wer zahlt gar nichts für unser Gemeinwesen? Auf diese Fragen versuchen die Verfasser Antworten zu geben. Sie werfen damit Fragen auf, die an die Grundlagen unseres Steuerstaates greifen.

Haben wir in der Bundesrepublik eine gerechte Besteuerung oder ist die Belastungswirkung ungerecht? Wer die Steuern als Last empfindet, versucht zu entkommen. Wer die Steuern als ungerecht empfindet, sucht nach Wegen, den Ungerechtigkeiten zu entgehen. Wer die Möglichkeit hat, flüchtet aus der Besteuerung durch Wohnsitzverlagerung oder Gewinnverlagerung. Ausweichstrategien potenzieren sich, weil das Steuerverständnis vielfach verloren gegangen ist.

Steuern werden nicht erhoben, weil dies jemandem Spaß macht, sondern weil das Gemeinwesen Staat von seinen Bürgerinnen und Bürgern vielfältig gefordert wird. Wenn die Wünsche und Forderungen der Bürgerinnen und Bürger an den Staat hoch sind, muss auch die Steuerbelastung hoch sein. Das Erfüllen der Wünsche kostet Geld, das zuerst aufgebracht werden muss. Das Bewusstsein, dass jede Bürgerin und jeder Bürger seine Wünsche zunächst selbst bezahlen muss, ist verloren gegangen. Wer Leistungen verlangt, aber dafür nicht zahlen will, verlangt, dass seine Wünsche andere zahlen sollen. Dies kann aber auf Dauer nicht funktionieren.

Für das Grundverständnis über die Notwendigkeit von Steuern müssen wir alle mehr tun. Die Autoren jedenfalls tun dafür eine Menge. Sie stellen dezidiert die Frage nach der Systemgerechtigkeit. Zahlt jeder nach seiner wirtschaftlichen Leistungsfähigkeit? Ist die Belastungswirkung gerecht?

Spannende Fragen, die von den Autoren beantwortet werden. Sie stoßen bei ihrer Arbeit auf Statistiklücken, können aber dennoch das Ergebnis belegen, dass Lohneinkommen höher belastet sind als Unternehmens- und Vermögenseinkommen. Sie decken Defizite bei der Steuergerechtigkeit auf und zeigen unfaire, ineffiziente und undurchsichtige Wirkungen auf. Aus der Grundposition, dass jeder zur Finanzierung des Gemeinwesens beitragen soll, wird die Idee einer Mindest-Besteuerung entwickelt. Der Ansatz ist von der Grundidee her richtig, in der Praxis wird er aber nach meiner Meinung nicht zur Vereinfachung und Transparenz beitragen. An diesem Punkt muss noch weiter gedacht und gearbeitet werden.

Die Mindest-Besteuerung von Vermögen ist von der Idee her nachvollziehbar. Es ist ungerecht, wenn Erwerbseinkommen besteuert werden, Vermögenszuwächse unbesteuert bleiben. Eine Vermögensteuer ist aber verwaltungsaufwendig. Der im Prinzip richtige Gedankenansatz wäre über eine Verknüpfung mit der Erbschaft- und Schenkungsteuer Verwaltungskosten sparender zu verwirklichen. Laufende Vorauszahlungen auf eine Erbschaftsteuer sind überlegenswert.

Insgesamt betrachtet zeigen die Autoren Schwachpunkte am bestehenden System und Lösungswege für einen Systemwechsel auf. Die Ideen werden bei Vermögenden und großen Einkommensbeziehern nicht viel Begeisterung wecken. Der hoch belastete Arbeitnehmer wird die Ansätze dagegen für gut befinden. Politisch werden die Ideen nur schwer durchsetzbar sein und für die Steuerverwaltung ist leider keine Entlastung sichtbar. Steuern gerecht und vollständig zu erheben, ist und bleibt ein schwieriges Geschäft.

**Dem Buch wünsche ich breite Aufmerksamkeit und die fruchtbare Auseinandersetzung mit den aufgezeigten Defiziten und den Lösungsideen.**

# Inhalt

# Kurzfassung

„Kapitalgesellschaften leisten en bloc überhaupt keinen Beitrag mehr zur Staatsfinanzierung", so der Chefkommentator des Handelsblatts. Und: „Deutschland belastet die Erträge der menschlichen Arbeitskraft stärker mit Abgaben als jedes andere Land der Welt", so der Präsident des IFO-Wirtschaftsinstituts in München. Die so beschriebene deutsche Steuerrealität bildet den Ausgangspunkt dieses Buches:

- Welche (legalen) Möglichkeiten führen zur totalen Steuervermeidung durch die großen Unternehmen und zu der häufig geringen Besteuerung von hohen Einkommen und von großen Vermögen? Welches sind die meistgenutzten Wege zur Steuervermeidung und Steuerflucht?

- Was führt zu der Überbelastung der Arbeitnehmer und der unfairen Finanzierung des Sozialstaats?

Im Buch werden detaillierte Vorschläge entwickelt, um dieser extremen Ungleichverteilung der Belastung entgegenzuwirken und zudem sicherzustellen, dass zukünftig alle, die den Standort Deutschland zur Einkommenserzielung nutzen, die öffentlichen Infrastrukturausgaben mitfinanzieren:

- Freistellung des Existenzminimums bei Sozialabgaben wie schon bei der Lohnsteuer und volle steuerliche Absetzbarkeit aller Sozialabgaben.

- Begrenzung der tatsächlich zu zahlenden Steuern und Abgaben für jeden Bürger und für jedes Unternehmen auf unter 50%. Eine derartige Begrenzung ist finanzierbar, wenn gleichzeitig die Bemessungsgrundlage wesentlich vergrößert wird. Dies geschieht z.B. durch die

- Einführung einer Mindest-Besteuerung hoher Einkommen nach USA-Vorbild. Besteuert wird dabei das ‚tatsächliche Einkommen', d.h. nur die *echten* Kosten, die zur Einkommenserzielung unabdingbar notwendig sind (z.B. Material- und Lohnkosten) werden berücksichtigt, nicht aber die zahllosen Steuervergünstigungen, die heute die Besteuerung häufig gegen Null gehen lassen. Auf dieses ‚tatsächliche Einkommen' ist in jedem Fall *mindestens* die Mindest-Steuer zu entrichten. Der Steuersatz der Mindest-Steuer könnte z.B. bei drei Viertel des heutigen Einkommensteuertarifs liegen.

• Wieder-Inkraftsetzung einer verfassungskonformen Vermögensteuer: einheitliche marktnahe Bewertung der Vermögen und Anrechnung der bezahlten Vermögensteuer auf die Einkommensteuerschuld.

• Besteuerung aller in Deutschland erwirtschafteten Einkommen durch das deutsche Finanzamt, auch wenn der Empfänger Steuerausländer ist.

• Einbindung dieser Vorschläge in ein zukünftiges europäisches Steuersystem.

# Teil I  Bestandsaufnahme

„Wer soll das bezahlen?" Wir zitieren den alten Karnevalsschlager wegen der Doppeldeutigkeit des Wortes „soll":

- Da ist die etwas ratlose Frage: „Wer soll denn, um Himmels willen, das alles bezahlen?", nämlich die zweifellos hohen Kosten zur Aufrechterhaltung des sozialen Rechtsstaats.

- Doch enthält das Wort „soll" ja auch einen moralischen Imperativ: Was ist eine gerechte und sachgerechte Aufteilung der Kosten für das Gemeinwohl unter all denen, die daran teilhaben?

## 1  Worum geht es?

Mit zwei kurzen Zitaten lassen sich die Probleme, von denen dieses Buch handelt, treffend illustrieren:

- „Im internationalen Vergleich ist Deutschland eine Steueroase – Kapitalgesellschaften leisten en bloc überhaupt keinen Beitrag mehr zur Staatsfinanzierung", schreibt der Chefkommentator Hans Mundorf im Handelsblatt vom 28. August 2001. „Die Steuerlast, über die die deutsche Wirtschaft immer noch klagt, ist eher ein Phantomschmerz. Die steuerlichen Verhältnisse sind nicht mehr so, wie sie öffentlich noch dargestellt werden. Nach Zahlen des Bundesfinanzministeriums werden alle deutschen Kapitalgesellschaften im Jahre 2001 nur noch 14,9 Mrd. DM Körperschaftsteuer zahlen – das sind knapp 1,7% des Steueraufkommens. Würde man die vielfältigen Subventionen, die diese Unternehmen erhalten, gegenrechnen, dann leisten die Kapitalgesellschaften en bloc überhaupt keinen Beitrag mehr zur Staatsfinanzierung ...".

• Die andere Seite der Medaille wird von dem renommierten Wirtschaftswissenschaftler H.-W. Sinn, Präsident des IFO-Wirtschaftsinstituts in München, in einem SPIEGEL-Interview vom 3.12.2001 so beschrieben: „Deutschland belastet die Erträge der menschlichen Arbeitskraft stärker mit Abgaben als jedes andere Land der Welt. Beim durchschnittlichen Arbeitnehmer werden von der Wertschöpfung einer zusätzlichen Arbeitsstunde sage und schreibe zwei Drittel vom Staat abgeschöpft ...".

Wie eine genauere Bestandsaufnahme im dritten Kapitel zeigen wird, wurde diese Ungleichverteilung der Belastungen seit den 1980er Jahren stetig erhöht.

### 1.1 Steuerreform 2000/2001 grundsätzlich richtig, aber unnötige Entlastung der Konzerne

Die Schröder-Regierung hat seit 1998 die weitere Erhöhung der Ungleichverteilung (vorübergehend) gestoppt: Die Ökosteuer, die von allen Energieverbrauchern bezahlt werden muss, hat die Sozialversicherungsbeiträge und damit die Lohnkosten entlastet. Die Riester-Rente begrenzt den weiteren Anstieg der Pflichtbeiträge. Eine Reihe von Steuer-Schlupflöchern wurden im Rahmen des Steuerentlastungsgesetzes 1999/2000 verkleinert.

Die Unternehmensteuerreform 2001 hat die Diskriminierung der gewerblichen Unternehmen beendet, indem die bezahlte Gewerbesteuer auf die bezahlte Einkommensteuer angerechnet wird. Dadurch werden nun genau diejenigen Unternehmen entlastet, die tatsächlich übermäßig viele Steuern bezahlen. Wie schwierig eine solch einfache Lösung durchzusetzen ist, zeigt deren Geburt in der Kommission zur Reform der Unternehmensbesteuerung Anfang 1999. „Verfassungswidrig", urteilte lautstark die Übermacht von Steuerjuristen über diese Idee, „zu simpel, wir brauchen grundsätzliche Lösungen", meinten andere. Sitzung um Sitzung bröckelte diese Übermacht. Schließlich wurde die von Prof. Thiel vom Finanzministerium NRW und von Prof. Jarass, dem Erstautor dieses Buches, ausgearbeitete Lösung fast einstimmig befürwortet und ist heute

Gesetz (§35 EStG). Zu einer Gesamtdarstellung der Unternehmensteuer-reform siehe [Bach, Unternehmensteuerreform, 2001].

Die Steuersätze wurden allgemein, insbesondere auch für kleine und mittlere Einkommen, deutlich gesenkt; zudem bekommen Familien mehr Kindergeld. Eigentlich eine Erfolgsstory, aber im Jahr 2001 wurden erneut die Kapitalgesellschaften dramatisch entlastet. Ein Jahr nach Mundorfs Kommentar zeigt sich, dass selbst die damalige Schätzung eines bescheidenen Körperschaftsteueraufkommens für 2001 weitaus zu optimistisch war und nochmals um über 8 Mrd. € nach unten korrigiert werden musste. Der normale Arbeitnehmer freut sich, wenn er von einigen Tausend € vorausbezahlter Lohnsteuer beim Lohnsteuerjahresausgleich einige Hundert € zurückbekommt. Die Kapitalgesellschaften, vor allem die großen Konzerne, haben im Jahr 2001 vom Finanzamt insgesamt 0,4 Mrd. € mehr Steuern zurückbekommen als sie in 2001 vorausentrichtet hatten.

Die Gewerbesteuer, wichtigste Einnahmequelle der Kommunen, geht deutlich zurück. Viele Städte stehen angesichts sinkender Steuereinnahmen und steigender Sozialhilfezahlungen vor dem finanziellen Zusammenbruch und müssen deshalb ihre Investitionen drastisch verringern.

Auch in den nächsten Jahren muss mit einem nachhaltig niedrigen Aufkommen aus der Besteuerung von Kapitalgesellschaften gerechnet werden. Dies liegt an unverständlichen Steuergeschenken an die Konzerne, auf die später (Abschnitte 3.2 und 4.3) noch näher eingegangen wird. Insbesondere die völlige Steuerfreistellung von Veräußerungsgewinnen für Kapitalgesellschaften war ein schwerer strategischer Fehler. (Viele andere Länder erleichtern zwar die Veräußerung von Beteiligungen, indem Veräußerungsgewinne mit niedrigeren Sätzen, z.B. in den USA mit 20%, besteuert werden, verzichten aber nicht gänzlich auf deren Besteuerung.) Eine konstruktive Weiterentwicklung der eigentlich vorzüglichen Unternehmensteuerreform 1999/2000 wurde unmöglich, weil die Personenunternehmen nun die gleichen Geschenke wie die Kapitalgesellschaften bekommen wollten. Statt, wie dem Wähler versprochen und bei Regierungsantritt geplant, Schritt für Schritt die Übel des deutschen Steuersystems anzugehen und endlich *alle* Kapitaleinkommen angemessen zu besteuern, wurden unter dem massiven Druck der Konzerne die sachgerechten Steuerreformen von 1999/2000 teilweise rückgängig gemacht und stattdessen eine Vielzahl von Ad-hoc-Vergünstigungen für

Personenunternehmen wieder eingeführt. Der Steuerrechts-Wirrwarr der alten Kohl-Regierung feiert so unerfreuliche Auferweckung.

Nicht zuletzt wegen der Steuerminderung für Kapitalgesellschaften von netto rund 20 Mrd. € (also rund 250 € pro Kopf der deutschen Bevölkerung) hatte Deutschland im Jahr 2001 ein Haushaltsdefizit von insgesamt 56,3 Mrd. €. Bei angemessener Besteuerung der Kapitalgesellschaften hätte die Defizitquote 2001 nicht bei 2,7% gelegen, der höchsten in der EU, sondern deutlich unter 2% und damit in der vorgesehenen Bandbreite. Die von der Bundesregierung schon angekündigten weiteren Sparprogramme würden sich dann erübrigen.

Der dramatischen Entlastung der Kapitalgesellschaften steht eine hohe und tendenziell weiter steigende Belastung der Arbeitnehmer gegenüber, verursacht vor allem durch den Anstieg der Sozialabgaben, der in den letzten Jahren nur vorübergehend leicht abgebremst werden konnte. Diesen Anstieg haben mehrere parallel laufende Entwicklungen verursacht:

- Der Anteil der voll in die Sozialkassen einzahlenden Normalarbeitnehmer ist gesunken und ebenso die typische Lebensarbeitszeit (von gut 40 Jahren noch um 1960 auf rund 30 Jahre heute).

- Gleichzeitig ist seit 1960 die Zahl der Personen stark angestiegen, die als dauernd in Deutschland Lebende einen Anspruch auf Leistungen aus den Sozialkassen haben, auch wenn sie selbst nichts oder nur wenig einbezahlt haben.

So ist die Abgabenbelastung teilweise zu einer Art Sozialsteuer geworden, die aber nur von kleinen und mittleren Arbeitnehmern und ihren Arbeitgebern getragen wird.

Die Gewerkschaften versuchen für die fortlaufende Erhöhung der Ungleichverteilung zwischen Lohn- und Kapitaleinkommen einen Ausgleich zu schaffen durch hohe Lohnforderungen, die nicht nur vor allem kleinere Betriebe überlasten, sondern die sogleich von der Lohnsteuerprogression und den steigenden Abgaben großenteils wieder aufgezehrt werden. Wenn 4% Brutto-Lohnerhöhung durchgesetzt werden können, so bleiben typischerweise nur gut 2% mehr Netto-Lohn in den Taschen des Arbeitnehmers. Das ist vielfach nicht einmal ein voller Inflationsausgleich.

Damit sind wachsende soziale Konflikte vorprogrammiert, denn ein friedliches Zusammenleben erfordert offensichtlich eine als recht und billig akzeptierte Belastung durch Steuern und Abgaben von allen, die zu solchen Leistungen fähig sind und die andererseits die vielfältigen Leistungen der öffentlichen Hand als selbstverständliche Grundlage ihres Lebens in Anspruch nehmen. Es ist schließlich jeder, der in Deutschland Einkommen erzielt, sei es aus unselbständiger Tätigkeit oder aus Unternehmertätigkeit und Vermögen, auf das hohe deutsche Niveau öffentlicher Infrastrukturvorleistungen angewiesen (Verkehr und Kommunikation, Rechtssicherheit und soziale Sicherheit, Bildung und Ausbildung usw.). Dieses hohe Niveau an Infrastruktur und nicht etwa eine besonders niedrige Steuerlast macht den Standortvorteil von entwickelten Industriestaaten aus. Zur längerfristigen Sicherung dieser Standortqualität sollten alle, die den Standort Deutschland nutzen, etwa indem sie Einkommen erwirtschaften, die öffentlichen Infrastrukturausgaben mitfinanzieren und zwar mit mäßigen, aber gleichmäßigen Sätzen von Steuern und Abgaben.

„Soll der Staat die Reichen zu Gunsten der Armen stärker zur Kasse bitten?" wollte der Fernsehsender n-tv in einer Internet-Umfrage 2001 wissen. Für die Bundesrepublik Deutschland sollte die Frage präziser so formuliert werden: Wie kann der Staat sicherstellen, dass *alle* hohen Einkommen und Vermögen *mindestens* so stark zur Finanzierung des Standorts Deutschland herangezogen werden wie bisher schon die kleinen und mittleren Lohnempfänger und deren Arbeitgeber?

## 1.2 Hohe Einkommen und große Vermögen zahlen dauerhaft wenig Steuern

Ist die hier skizzierte Verteilung der Belastungen fair und – vor allem – ist sie sachgerecht? Die maßgeblichen Defizite des bestehenden deutschen Steuersystems können durch die drei meistgenutzten Möglichkeiten der Steuervermeidung erläutert werden:

- Viele Bezieher hoher Einkommen zahlen dauerhaft wenig Steuern. Möglich ist das hauptsächlich durch eine künstliche Verringerung der Bemessungsgrundlage, indem nämlich fiktive Kosten erzeugt und mit realen Erträgen verrechnet werden können, insbesondere im Bereich der Vermietung und Verpachtung und bei ausländischen Investitionen. Das so berechnete „zu versteuernde Einkommen" ist viel niedriger als das tatsächliche Einkommen und führt zu einer niedrigen Einkommensteuerschuld. Wie erfolgreich dieses legale Verfahren sein kann, zeigte sich schon im Jahr 1998, als die Finanzämter der reichsten Gegenden Deutschlands, z.B. Bad Homburg, mehr Einkommensteuer zurückzahlten als sie einnahmen. Dies wurde allgemein als große Ungerechtigkeit gebrandmarkt. Bundeskanzler in spe Gerhard Schröder sprach im Wahlkampf 1998 von der Notwendigkeit der Einführung einer Mindest-Besteuerung für hohe private Einkommen, die in ersten Ansätzen 1999 umgesetzt wurde. Dass, wie 2001 geschehen, die Gesamtheit der Kapitalgesellschaften ihre vorausbezahlte Körperschaftsteuer vollständig zurückbekommen sollte, war 1998 noch unvorstellbar.

Zur zukünftigen Sicherstellung einer angemessenen Besteuerung schlagen wir eine Mindest-Steuer für hohe Privateinkommen und alle Kapitalgesellschaften vor. Sie sollte auf das *tatsächliche* Einkommen erhoben werden, also auf das Bruttoeinkommen abzüglich nur der zur Erzielung des Einkommens unabdingbar notwendigen Aufwendungen. Wie eine solche Mindest-Besteuerung praktisch durchgeführt werden kann und wie sie sich – in Abhängigkeit vom tatsächlichen Einkommen – auswirkt, das wird auch unter Bezugnahme auf das Beispiel USA im 8. und 9. Kapitel vorgestellt.

Zusammen mit der Wiedererhebung einer verfassungskonformen Vermögensteuer und einer fairen Unternehmensbesteuerung auch von internationalen Konzernen (vgl. die folgenden beiden Punkte) würde so die Gegenfinanzierung der in Teil II vorgeschlagenen Begrenzung der Belastungen ermöglicht, die insbesondere sozialversicherungspflichtige Arbeitnehmer entlasten würde.

- Viele Eigentümer großer Vermögen bezahlen dauerhaft wenig Steuern. Das ist vor allem möglich, weil die Erhebung der Vermögensteuer 1997 ausgesetzt wurde unter Berufung auf eine Entscheidung des Bundesverfassungsgerichts von 1995, der zufolge angeblich eine solche Steuer verfassungswidrig sei. Dabei hatte das Bundesverfassungsgericht nahezu das Gegenteil gesagt. Eine Vermögensteuer – also eine

Steuer auf den typischerweise möglichen Ertrag des Vermögens (unabhängig davon, ob dieser Ertrag tatsächlich zufließt oder nicht) – ist verfassungskonform, wenn drei entscheidende Kriterien erfüllt sind: Eine gleichmäßige Bewertung aller Vermögensbestandteile, eine angemessene Freistellung von eigengenutztem Familienvermögen und eine Obergrenze der Gesamtsteuerlast, d.h. der Staat darf höchstens etwa die Hälfte der typischerweise erzielbaren Erträge wegnehmen (‚Prinzip der hälftigen Teilung‘).

Eine Vermögensteuer nach diesen Kriterien lässt sich verfassungskonform sofort wieder in Kraft setzen, vgl. Kapitel 10: erhoben auf das zu Marktpreisen bewertete Gesamtvermögen, mit großzügigen persönlichen Freibeträgen, geeignet anrechenbar auf die Einkommensteuerschuld, so dass die hälftige Teilung bei Spitzensteuersätzen von zukünftig 42% sicher nicht überschritten wird.

- Löhne und Gewinne werden in Deutschland beim Unternehmen besteuert, in Deutschland erwirtschaftete Schuldzinsen, Lizenzgebühren und ähnliche Kapitalerträge hingegen bleiben in Deutschland unbesteuert, soweit der Empfänger Steuerausländer ist. In Deutschland tätige Unternehmen werden durch diese Vorgaben veranlasst, in wachsendem Umfang Eigenkapital durch Fremdkapital zu ersetzen und so einen zunehmenden Teil ihrer Erträge als Zinszahlungen an ausländische Kreditgeber oder als Lizenzzahlungen an ausländische Lizenzgeber zu deklarieren und dadurch in Deutschland steuerfrei zu stellen. Auch viele grenzüberschreitende Finanztransfers wie etwa fremdfinanzierte Gründung oder Kauf von ausländischen Gesellschaften bieten reichlich Möglichkeiten zur legalen Steuervermeidung. Eine Möglichkeit zur Erhebung eines Teils der so vermiedenen Unternehmenssteuern liegt in der Einführung einer Betriebssteuer (statt der bisherigen, sehr konjunkturanfälligen Gewerbesteuer), erhoben auf die Netto-Wertschöpfung am Ort der jeweiligen Betriebsstätte. Die durch Steuern und Abgaben bereits hoch belasteten Löhne sollten hier außen vor bleiben. Durch eine solche kommunale Betriebssteuer könnte auch dem Wegbrechen der Einnahmen der Gemeinden entgegengewirkt werden. In Kapitel 11 werden die Gestaltungsmöglichkeiten einer solchen auf die Betriebsstätten bezogenen Steuer im Einzelnen vorgestellt.

Es sollte betont werden, dass die hier vorgelegte Analyse und die Lösungsvorschläge keineswegs wirtschaftsfeindlich sind, sondern vielmehr das Postulat „Leistung soll sich lohnen" unterstützen. Manche Ökonomen vertreten bekanntlich die Auffassung, dass die Erträge von Produktivkapital wegen ihrer Bedeutung für die wirtschaftliche Entwicklung möglichst gering steuerlich belastet werden sollten. Auch bei Berücksichtigung dieser Auffassung muss der gegenwärtige Zustand der deutschen Steuerrealität nicht nur als offensichtlich ungerecht, sondern vor allem als in hohem Maß nicht sachgerecht bezeichnet werden, denn die tatsächliche Belastung der verschiedenen Gruppen von Produzierenden ist extrem unterschiedlich:

- Sehr hoch belastet sind die unselbständig Tätigen mit kleinem und mittlerem Einkommen.

- Viele eigentlich hoch belastete Unternehmer und Selbständige können ihre tatsächliche Belastung auf sehr geringe Zahlungen reduzieren.

- Konzerne zahlen vielfach unter dem Strich überhaupt keine Steuern mehr.

So erzeugt der Staat durch seine Steuerpolitik sehr unfaire, ungleiche Wettbewerbsbedingungen für die verschiedenen genannten Gruppen der Produzierenden.

„Diese Verzerrungen könne man vermeiden, indem man von vorneherein auf jede Besteuerung der Produktionsseite der Wirtschaft verzichte und nur den Konsum besteuere", so ein Argument einiger Steuertheoretiker. Dieses Argument wird noch verstärkt durch eine These aus der volkswirtschaftlichen Theorie: „Es sei gänzlich unerheblich, an welcher Stelle der Staat die Steuern erhebe, denn jegliche Steuerbelastung werde letztendlich über die Preise doch auf den Endverbraucher überwälzt." Diese These ist leicht zurückzuweisen: Sie gilt, wenn überhaupt, nur unter den gänzlich unrealistischen Bedingungen einer abgeschlossenen nationalen Ökonomie mit je Produkt völlig einheitlichen Produzenten, die ihre Preise als Monopol oder Oligopol festlegen können. Zudem werden die Transaktionskosten des Überwälzens vernachlässigt, und selbst dann gilt dies nur auf sehr lange Sicht wegen der endlichen Anpassungsgeschwindigkeiten. Die Realität eines EU-Landes ist eine gänzlich andere: Die Preise vieler Güter und Dienstleistungen bilden sich auf dem Weltmarkt, gänzlich entkoppelt von der Steuerlast deutscher Unternehmen. Auch für viele inländische Produkte gibt es eine Preiskonkurrenz von in- und ausländischen Anbietern. Schließlich sind weder die Kosten noch die Dauer der Überwälzung zu vernachlässigen. Der Vorschlag, alle Steuern auf den Konsum umzulegen, ist aber auch aus ganz praktischen Gründen verfehlt:

- Die Konzentration auf nur die eine Bemessungsgrundlage Konsum und der resultierende hohe Steuersatz von über 30% fordert Umgehungsstrategien und Steuerflucht in hohem Maß heraus.

- Bei dem völlig freien Warenverkehr in Europa müssten die Steuersätze der Konsumsteuern nahe beieinander liegen, um das europaweite Steuersparkarussell nicht noch weiter anzutreiben; eine solche weitgehende Harmonisierung, etwa auf einen dann erforderlichen Mehrwertsteuersatz von über 30%, ist derzeit unvorstellbar.

Auch deshalb erscheint eine mäßige, aber gleichmäßige Besteuerung mehrerer Steuergrundlagen ohne Begünstigungen und Benachteiligungen am stabilsten und am wenigsten die Kräfte des Marktes beeinträchtigend.

## 1.3 Ziel: Ein modernes Steuersystem, das den fundamentalen Veränderungen der gesellschaftlichen Wirklichkeit gerecht wird

Der Buchtitel soll weniger als eine moralische Forderung verstanden werden, sondern als das Anstreben eines Steuersystems, das der Sache gerecht wird: nämlich die besten Voraussetzungen zu schaffen für das längerfristige Gedeihen einer mittelgroßen nationalen Ökonomie in einem europäischen und globalen Wirtschaftssystem. Wir sind bemüht, diese volkswirtschaftliche Leitlinie bei den vielen oft komplizierten Einzelheiten nicht aus dem Auge zu verlieren.

Statt den jeweils mächtigsten Lobbygruppen durch ein Stückwerk von wenig durchdachten Einzelmaßnahmen kurzfristige Vorteile zu verschaffen (Beispiel: Die Ungleichbehandlung von Kapital- und Personengesellschaften bei Veräußerungsgewinnen), sollte eine Reform des aus der ersten Hälfte des 20. Jahrhunderts überkommenen Steuersystems von

einer Bestandsaufnahme der in den letzten Jahrzehnten gründlich verän-
derten gesellschaftlichen und wirtschaftlichen Struktur ausgehen.

## Wandel der Bevölkerungsstruktur

Zunächst einmal gibt es einschneidende Änderungen der Altersstruktur
und der Berufsbiographien: Die durchschnittliche Lebenserwartung ist in
Deutschland seit 1932 für Männer von 60 auf 74 Jahre gestiegen, für
Frauen von 63 Jahren auf 80 Jahre. Von 100 vor siebzig Jahren Geborenen leben heute noch 50, von denen 2 das neunzigste Lebensjahr erreichen werden. Von 100 heute Geborenen werden in siebzig Jahren noch
76 leben, von denen 15 das neunzigste Lebensjahr erreichen werden.
Deutlich über 70jährige benötigen häufig laufende Betreuung, die früher
von der Familie übernommen wurde, über 90jährige benötigen fast
immer laufende Pflege, die heute mit 2.000 € bis 4.000 € pro Monat
überwiegend aus öffentlichen Kassen finanziert werden muss.

*Tabelle 1  Anteil der Erwerbstätigen in %*

|  | unter 25 Jahre | zwischen 25 und 55 Jahre | über 55 Jahre |
|---|---|---|---|
| April 1970 | 24% | 59% | 17% |
| April 1980 | 20% | 68% | 11% |
| April 1990 | 17% | 72% | 11% |
| April 2000 | 11% | 76% | 13% |

Quelle: Microzensus Stat. Bundesamt

Der Beginn des Erwerbslebens erfolgt seit Jahrzehnten kontinuierlich
später. Waren 1970 noch rund ein Viertel der Erwerbstätigen unter 25
Jahre alt, so sind es heute nur noch rund ein Zehntel. Der Anteil der über
55jährigen an der Beschäftigung stieg von rund einem Zehntel nach
einem starken Rückgang in den 70er Jahren wieder etwas an. Das Alter
bei Beendigung des Erwerbslebens steigt seit einigen Jahren wegen der
reduzierten Privilegierung des Vorruhestands wieder leicht an und liegt
nun im Mittel bei etwa 60 Jahren. Allerdings kommt es immer häufiger
zu freiwilligen und unfreiwilligen Lücken in der bezahlten Beschäftigung.

Die mittlere Gesamtdauer des Erwerbslebens dürfte damit heute bei 30 Jahren liegen, also trotz gestiegener Lebenserwartung wohl ein Viertel weniger als vor 1970.

Die Folge dieser Entwicklungen wurde oben bereits genannt: Eine unaufhaltsam wachsende Last muss von immer weniger Schultern getragen werden, falls es nicht gelingt, die leistungsfähigen Älteren länger im Erwerbsleben zu halten und die verbleibenden Soziallasten durch eine Sozialsteuer auf alle Einkommen gleichmäßig zu verteilen.

## Von der National- zur Globalökonomie

Die noch weit drastischeren Änderungen der ökonomischen Strukturen etwa seit den 1960er Jahren seien mit einigen Stichworten benannt:

- nahezu unbeschränkte Möglichkeit von weltweitem Güter- und Kapitalverkehr;

- Zweiteilung der Wirtschaft in einen Bereich der großen internationalen Konzerne, die massiven Einfluss auf politische Entscheidungen nehmen, und in einen marktwirtschaftlichen Bereich von kleinen und mittleren Unternehmen, die in starker Konkurrenz zueinander stehen, zudem in sehr ungleicher Konkurrenz zu den Konzernen; Galbraith hat bereits vor fast 40 Jahren diese Entwicklung beschrieben [Galbraith, Industriegesellschaft, 1968];

- rasant gestiegene und weiter steigende Arbeitsproduktivität gerade im Industriebereich und in der Informationswirtschaft;

- demgegenüber aber mangelnde Kaufkraft in großen Teilen der Welt;

- als Folge dieser Entwicklungen hohe strukturelle Arbeitslosigkeit und sinkende Profitraten, zumindest in den klassischen industriellen Sektoren;

- Ablösung der Warenproduktion als Motor der Wirtschaft durch innovative Dienstleistungen sowie immaterielle Wertschöpfung wie „Information", die global mobil gestaltet werden kann.

Alle diese Entwicklungen haben drastische Auswirkungen auch auf Staatsfinanzierungen und Steuern. Die sinkenden Profitraten im klassischen Sektor industrieller Produktion treiben das Kapital in globale An-

lageformen, die sich den traditionellen Formen nationalstaatlicher Besteuerung entziehen. Die resultierende weitere Verschiebung der Steuern
und Abgaben auf die Schultern einer abnehmenden Zahl von Arbeitnehmern erhöht die Brutto-Lohnkosten und treibt so die Arbeitslosigkeit
weiter an: eine ruinöse Spirale.

- Nationale Ökonomien waren bis zum zweiten Weltkrieg noch klar ab-
  grenzbare (und deshalb auch besteuerbare) Einheiten mit bescheidenen grenzüberschreitenden Aktivitäten. Heute gilt gerade für ein Land
  wie Deutschland eher das Gegenteil: Die reine Binnenwirtschaft tritt
  gegenüber globalen wirtschaftlichen Aktivitäten mehr und mehr zurück. Die Besteuerung internationaler Unternehmen ist deshalb zu
  einem viel diskutierten Problem aller Staaten geworden. *Eine* Lösung
  besteht darin, eine Besteuerung erst gar nicht mehr zu versuchen. Diesen Weg hat Deutschland de facto bereits zugelassen, wie die eingangs
  zitierten Sätze aus dem Handelsblatt zeigen. Eine andere Möglichkeit
  wäre die Einführung einer Betriebssteuer, die unabhängig von der Zu-
  gehörigkeit eines Betriebes zu einem nationalen oder internationalen
  Unternehmen bei der jeweiligen Betriebsstätte auf die Wertschöpfung
  abzüglich der Lohnkosten erhoben wird (siehe Abschnitt 11.3).

- Die internationale Vereinigung für wirtschaftliche Zusammenarbeit
  und Entwicklung (OECD) und vor allem die Europäische Kommission versuchen seit längerem, einen neuen gemeinsamen wirtschaftlichen Rahmen zu setzen. In Bezug auf Steuern wird hier seit gut 10
  Jahren vor allem diskutiert, wie es gelingen könnte, die unfaire Steuer-
  konkurrenz einzudämmen, bei der jedes Land durch Niedrigsteueran-
  gebote versucht, bei seinen Nachbarn die Steuerkraft potenter Unternehmen abzuwerben, wodurch offenbar am Ende alle Staatskassen
  immer leerer werden. Es zeigt sich hier das zunehmende Versagen des
  alten Systems nationaler Zuständigkeiten. Doch so lange diese Vorschläge nicht die Form verbindlicher Normen annehmen, müssen die
  Staaten, die dieses Steuerdumping nicht länger hinnehmen wollen,
  intelligente Lösungen für sich selbst finden, Lösungen, die dem sich
  langsam abzeichnenden europäischen Konsens nicht entgegenstehen
  sollten (siehe Kapitel 11 und 12).

## Globale Umweltgefährdungen – nationale Kompetenzen

Schließlich ist auch die hohe, vielerorts extreme Belastung der regionalen Umwelt und die daraus folgende globale Gefährdung der Biosphäre durch Übernutzung von Boden, Luft, Wasser und anderen natürlichen Ressourcen erst in den letzten Jahrzehnten in wachsendem Maß Gegenstand der öffentlichen Debatte geworden. Die äußerst mühsamen und bisher wenig erfolgreichen internationalen Verhandlungen über Maßnahmen zur Verringerung des Treibhauseffekts, insbesondere der $CO_2$-Emissionen (Rio de Janeiro Konferenz, Kyoto-Protokoll usw.) zeigen freilich auch, wie schwierig es ist, globalen Gefährdungen entgegenzuwirken, wenn die Handlungskompetenz ganz überwiegend nur auf der Ebene der konkurrierenden Einzelnationen liegt. Hier allerdings gibt es zumindest in Europa mittlerweile einen weitgehenden Konsens der Einzelstaaten:

Denn neben den notwendigen Verboten und Geboten in Form staatlich festgesetzter Obergrenzen für Belastungen, etwa der Emission von Schadstoffen oder der Strahlenbelastung, sind hier schon seit einiger Zeit auch marktwirtschaftliche Instrumente durchaus erfolgreich angewendet worden. Indem umweltfreundlichere Verfahren und Produkte weniger mit Steuern und Abgaben belastet werden, können sie sich leichter auf dem Markt durchsetzen und verdrängen so umweltschädliche Verfahren. So haben hohe Abwasserabgaben für besonders belastende industrielle Verfahren dazu geführt, dass beispielsweise die Zellstoffherstellung nach dem Sulfitverfahren, welche eine extreme Verschmutzung von Flüssen mit sich brachte, vom deutschen Markt verdrängt wurde. Die höhere Besteuerung von schadstoffreichen Kraftfahrzeugen beschleunigte die Marktdurchdringung von Autos mit Katalysator. Zu Umweltsteuern siehe auch [Kapp, Soziale Kosten, 1963], [Jarass/Obermair, EU Umweltsteuern, 1996], [OECD, Umweltsteuern, 2001].

Die Steuersätze von Umweltsteuern sollten sich in etwa an der Höhe der – freilich schwer genau zu bestimmenden – sozialen Kosten orientieren, also am Geldwert der von der Allgemeinheit früher oder später zu tragenden Schadenswirkungen. Derartige Umweltsteuern sind nicht ein Marterinstrument, wie die Vertreter besonders umweltbelastender Industrien gerne behaupten, sondern vielmehr ein schon seit längerem durchaus erfolgreich angewendetes marktkonformes Instrument zur Erhaltung einer bewohnbaren Welt. Ökosteuern als Verbrauchssteuern werden in diesem Buch, das sich auf einkommensbezogene Steuern konzentriert, nicht weiter behandelt. Nur so viel: Der umweltgerechte Umbau der Industriegesellschaft erfordert vernünftige Preissignale. Weitere Stufen der Ökosteuer, deren Erträge aber zukünftig direkt für den ökologischen Umbau verwendet werden sollten, erscheinen sachgerecht.

## 1.4 Begrenzung der Belastungen und Sicherstellung einer Mindest-Belastung für hohe Einkommen und große Vermögen

An dieser Stelle ist ein klärendes Wort zum Verhältnis von Steuern zu Sozialabgaben vonnöten: Aus gutem Grund rechnet etwa H.-W. Sinn in den Eingangssätzen dieses Buches alle gesetzlich vorgeschriebenen Zahlungen des Arbeitnehmers an den Staat zusammen, ohne die historische, von der Wirklichkeit längst überholte Trennung zwischen Lohnsteuer als Steuer und Sozialabgaben als vorgeblichem Versicherungsbeitrag vorzunehmen. Denn die Entwicklungen der letzten Jahrzehnte haben dazu geführt, dass die Abgaben, speziell die der langjährigen Vollbeitragszahler, an die immer noch so genannten Sozial-„Versicherungen" entgegen ihrem Namen immer weniger den Charakter von Versicherungsprämien haben, sondern mehr und mehr Steuercharakter annehmen. Aus diesen Abgaben entstehen nämlich für den Beitragszahler häufig keine individuellen Leistungsansprüche, die wie bei einer Versicherung mit der Summe der Einzahlungen anwachsen. Stattdessen werden aus dem Beitragsaufkommen auch die im Sozialstaat geforderten und zur Aufrechterhaltung einer zivilen Gesellschaft auch dringend notwendigen sozialen Leistungen für eine weit größere Zahl von Menschen finanziert, nämlich für alle Bewohner des Landes, die solcher Leistungen bedürfen.

Es ist hier zu Lande nach wie vor Mehrheitsmeinung, dass die Verfassungsgarantie der Menschenwürde eben auch erträgliche Wohnverhältnisse, medizinische Versorgung, Betreuung der Kinder, der Behinderten, der Pflegebedürftigen etc. für die gesamte Bevölkerung verlangt. Es existiert jedoch keinerlei hinreichende Begründung dafür, dass diese Leistungen tatsächlich fast ausschließlich über Lohnabzüge finanziert werden und nicht vielmehr über einen Sozialanteil der Steuern von allen Leistungsfähigen aufgebracht werden, so wie das in Ländern wie Dänemark, den Niederlanden und Frankreich schon geschieht. Dieser Aspekt ist für Deutschland deshalb so brisant, weil – wie schon im letzten Abschnitt gezeigt – die Lebenserwartung weiterhin steigt, die Lebensarbeitszeit und der Anteil der langjährigen Vollbeitragszahler an der Gesamtbevölkerung hingegen stark zurückgegangen ist. Diese abnehmende Zahl der Vollbeitragszahler finanziert über die Arbeitnehmer- und Arbeitgeber-Beiträge zum Großteil die Last des Sozialstaats.

Ein Teil der Sozialabgaben hat also den Charakter einer Steuer, insoweit nämlich gesamtgesellschaftliche soziale Verpflichtungen mit diesem Aufkommen abgedeckt werden; der Steueranteil der Sozialabgaben variiert allerdings stark in Abhängigkeit von der individuellen Lebenssituation (vgl. Abschnitt 4.4). Für den Steueranteil der Sozialabgaben müssten aber systemkonform dieselben Regeln gelten, wie sie für alle Steuern Anwendung finden:

- Es müssten zur Lohnerzielung unabdingbar erforderliche Kosten (z.B. die Arbeitnehmer-Werbungskostenpauschale von 85 € pro Monat) und der Freibetrag für das Existenzminimum (von 600 € pro Monat) sozialabgabenfrei sein.

- Die Abgaben müssten voll vom zu versteuernden Einkommen abziehbar sein, ohne die Begrenzung, die derzeit bei maximal 167 € Anrechnungsbetrag pro Monat liegt.

Diese Maßnahmen und ihre positiven Auswirkungen, vor allem auf die Arbeitsmarktchancen für die besonders gefährdete Gruppe der wenig qualifizierten Arbeitnehmer an der Schwelle zu regulären Arbeitsplätzen, werden im Kapitel 6 genauer untersucht.

Die darüber hinaus erforderliche grundlegende Reform des deutschen Sozialsystems ist freilich nicht Gegenstand dieses Buches. Hier soll es vielmehr darum gehen, die Ursachen der skizzierten extremen Ungleichverteilung der Belastungen genauer zu analysieren und daraus ein Bündel von steuerpolitischen Maßnahmen zu entwickeln, um dieser unfairen Lastenverteilung entgegenzuwirken. Alle vorgeschlagenen Maßnahmen können von der nationalen deutschen Politik ohne vorherige europäische Harmonisierung und ohne supranationale Abstimmung sofort eingeleitet werden entsprechend dem alten Seglerspruch: „Wir können den Wind nicht ändern, aber wir können die Segel richtig setzen."

Einige dieser Vorschläge wurden in den letzten Jahren bereits von verschiedenen Seiten ansatzweise in die Diskussion gebracht; hier geht es nun darum, sie systematisch im Gesamtzusammenhang abzuleiten und zu begründen:

- Begrenzung der Gesamtbelastung von Steuern und Abgaben durch die oben skizzierten Maßnahmen und durch eine obere Schranke, die auch in der Spitze nicht über der (vom Bundesverfassungsgericht bisher allerdings nur für Steuern vorgeschriebenen) hälftigen Teilung des Ertrags der wirschaftlichen Tätigkeit liegt. Diese Begrenzung der Gesamtbelastung kommt, wie im Kapitel 6 im Einzelnen gezeigt wird, vor allem den heute drastisch überlasteten normalen Arbeitnehmern mit Bruttolöhnen zwischen 1.000 € und 3.000 € pro Monat zugute.

- Sicherstellung einer Mindest-Belastung für alle größeren Einkommen und Vermögen mit mäßigen, aber gleichmäßigen Sätzen auf das tatsächliche Einkommen, also auf den Zuwachs des Nettovermögens: Bisher werden Zuwachs des Nettovermögens: Bisher werden hohe nominale Steuersätze auf die Bemessungsgrundlage ‚zu versteuerndes Einkommen' erhoben. Nach Wortlaut und Intention des Einkommensteuergesetzes ist diese Bemessungsgrundlage klar definiert: Bruttoeinkommen abzüglich nur der *echten* Kosten, also solcher Aufwendungen, die zur Einkommenserzielung unabdingbar notwendig sind. Bei Gewerbebetrieben sind das z.B. Material- und Lohnkosten, Mieten und Pachten, tatsächlich aufgetretene Wertminderungen von Maschinen und Gebäuden. Entgegen dieser klaren Vorgabe wurde über die letzten Jahrzehnte in wachsendem Umfang zugelassen, dass weitere Aufwendungen, die *nicht* zwingend zur Einkommenserzielung erforderlich sind, vom tatsächlichen Einkommen abgezogen werden können (z.B. Sonderausgaben, Verlustverrechnungen, Spenden, über den tatsächlichen Werteverlust hinausgehende Abschreibungen etc.). Damit konnte das ‚zu versteuernde Einkommen' auf eine fiktive Größe heruntergerechnet werden, die bei geschickter Gestaltung gerade bei sehr hohen tatsächlichen Einkommen gegen Null tendiert. Außerdem ist es vor allem großen Kapitalgesellschaften ermöglicht worden, zunehmende Anteile des in Deutschland erwirtschafteten Gewinns ganz legal ins Ausland zu verlagern.

Zukünftig soll ein mäßiger Mindest-Steuersatz auf das ‚tatsächliche Einkommen' erhoben werden, parallel dazu eine auf die Einkommensteuerschuld anrechenbare Vermögensteuer sowie eine kommunale Steuer auf die in jeder Betriebsstätte erwirtschafteten Kapitalentgelte. Damit könnte sichergestellt werden, dass auch hohe Einkommen wieder einen angemessenen Beitrag zur Finanzierung des Standorts Deutschland leisten.

Die hier in groben Strichen skizzierte Bestandsaufnahme und Vorschlagsliste wird in den folgenden Kapiteln genauer abgehandelt. Die vielen steuertechnischen Einzelmaßnahmen finden sich nach Möglichkeit aus dem fortlaufenden Text ausgegliedert. Wir haben dabei, angeregt durch unsere Studenten, die Präsentation der Überlegungen mehrfach geändert. Hierzu ein kleines Beispiel: „Mindest-Belastung für die Großen, Höchstbelastung für alle" wurden die Erstsemester kurz und knapp über das neueste Buchprojekt ihres Professors aufgeklärt, und zwar in der Erwartung von nachhaltigen Ovationen, da der Großteil der Studenten wie auch der Professor aus einfachen finanziellen Verhältnissen stammt. Stattdessen großer Unmut und Anzeichen von offener Rebellion: „Uns Kleinen wird doch ohnehin vom Gehalt alles abgezogen, und Sie wollen uns nun eine Höchstbelastung aufbrummen; und die Großen sollen nur eine Mindest-Belastung bezahlen. Nicht mit uns!" Ein pfiffiger Informatik-Student schlägt nach längeren Diskussionen als neuen Titel vor: „Begrenzung der Belastungen für alle, Mindest-Belastung für die Großen". Und schon hatten alle den Vorschlag korrekt erfasst und der endgültige Untertitel dieses Buches war geboren.

## 2 Was wir nicht wissen

Einige offensichtlich besonders wichtige Wirtschaftsdaten sind in Deutschland auf dem aktuellsten Stand erhältlich. So wird z.B. die Zahl und Art der geschlachteten Schweine für jeden Landkreis vierzehntägig erhoben und veröffentlicht. Ebenso liegen zeitnahe Statistiken über Anbauflächen und Ertrag von Hackfrüchten vor, in denen etwa zwischen frühen und späten Speisekartoffeln und zwischen Zucker- und Runkelrüben unterschieden wird.

Man könnte erwarten, dass – trotz aller offensichtlicher Schwierigkeiten einer solchen Aufgabe – für Steuern und Abgaben, die nicht Bruchteile einer Promille, sondern mehr als ein Drittel des Bruttosozialprodukts ausmachen, ähnlich aufschlussreiche Daten vorliegen. Dies ist leider nicht der Fall, ganz im Gegenteil: Gerade für Steuern auf Einkommen aus Unternehmertätigkeit und Vermögen stehen nur unzureichende Daten zur Verfügung, und auch diese meist nur mit einer zeitlichen Verzögerung von mehreren Jahren.

### 2.1 Amtliche Steuerstatistik

Die Steuerstatistik wird in der jetzigen Form seit 1995 alle 3 Jahre für die Einkommen-, Körperschaft- und Gewerbesteuer zusammengestellt. Die zentralen Ergebnisse werden zusammengefasst veröffentlicht, seit einigen Jahren werden der Wissenschaft auch Einzeldaten in anonymisierter Form zur Verfügung gestellt. Zentrale Aufgabenfelder der Steuerstatistik sind [BMF, Steuerstatistik, 2002]:

- Informationsgrundlage für politische Entscheidungen,
- Messgrößen für regelgebundene Festsetzung finanzieller Leistungen,
- Datenbasis für die Wissenschaft.

Wie Tabelle 2 zeigt [Kordsmeyer, Steuerstatistik, 2002], haben Steuerzahler bis zu 3 Jahren Zeit, ihre Einkommensteuererklärungen abzugeben. Anschließend muss die Steuererklärung noch bearbeitet werden. Dann müssen die wesentlichen Daten der Steuererklärungen von der

Finanzverwaltung an die Statistischen Landesämter weitergegeben werden, die sie dann schließlich an das Statistische Bundesamt weiterleiten. Deshalb stehen die neuen Zahlen in der Steuerstatistik erst 3 bis 5 Jahre nach dem Entstehungszeitpunkt zur Verfügung.

*Tabelle 2  Lohn- und Einkommensteuerstatistik,*
*zeitlicher Ablauf (Erfassungsjahr 1995)*

| | |
|---|---|
| 31.05.1996 | Abgabefrist für Steuererklärungen |
| 30.09.1996 | allgemeine Fristverlängerung |
| 28.02.1997 | Fristverlängerung im vereinfachten Verfahren |
| anschließend: | Fristverlängerung in Ausnahmefällen |
| 31.12.1997 | Abgabefrist für „Arbeitnehmer" |
| 30.09.1998 | Schlusstermin der Datenlieferung durch die Finanzverwaltung an die Statistischen Landesämter |
| März 1999 | Beginn der Datenlieferung durch die Statistischen Landesämter an das Statistische Bundesamt |
| September 1999 | Veröffentlichung erster Bundesergebnisse (Presse) |
| Dezember 1999 | Veröffentlichung vollständiger Bundesergebnisse |

Die Einkommensteuerstatistik beruht auf allen rund 30 Mio. Original-Einkommensteuererklärungen, aus denen sich jeweils der Gesamtbetrag der Einkünfte ergibt und gibt bis zu 550 verschiedene Informationen zu Merkmalen des Besteuerungsverfahrens wie Einkünften, Werbungskosten, Sonderausgaben etc.. Für die Steuerpflichtigen gibt es beschreibende Merkmale wie

- Geschlecht,

- Geburtsjahr,

- Religion,

- Wohnsitzgemeinde,

- Wirtschaftszweig / Art des Freien Berufs.

Die folgende Tabelle 3 zeigt die Besteuerung der verschiedenen Einkommensarten und die dabei anfallenden steuerstatistischen Angaben.

Die Arbeitnehmer haben aufgrund dieses Erhebungsverfahrens für die Statistik beinahe gläserne Taschen. Es sind nämlich aus der Steuerstatistik in der entsprechenden Spalte 3a alle Zeilen im Detail bekannt: die Einkünfte (Zeile 1), die Einnahmen (Zeile 2), die Werbungskosten (Zeile 3), der Gesamtbetrag der Einkünfte (Zeile 4), die Sonderausgaben etc. (Zeile 5), das zu versteuernde Einkommen (Zeile 6), der im Einzelfall zu bezahlende Steuersatz (Zeile 7) und die resultierende Einkommensteuer (Zeile 8). Die Höhe der individuellen Abgaben für Krankenversicherung, Rentenversicherung, Arbeitslosenversicherung, Pflegeversicherung etc. ist auf Promille genau durch die Sozialstatistik bekannt. Das tatsächliche aktuelle Lohnsteueraufkommen stimmt mit dem rechnerisch unter Zugrundelegung der Steuertabellen zu erwartenden Aufkommen weitestgehend überein, wenn die ebenfalls bekannten Erstattungen z.B. für Fahrtkosten (hier sind allerdings oftmals nur die Pauschbeträge bekannt) und für die Eigenheimzulage berücksichtigt werden.

Mit anderen Worten: Für Einkommen aus unselbständiger Tätigkeit kennen wir nicht nur die Summe aller Belastungen durch Steuern und Abgaben, die von der Gesamtheit aller Arbeitnehmer getragen wird, sondern auch die genaue Zusammensetzung dieses Aufkommens, unterschieden nach Regionen, Branchen, Sektoren, Einkommensklassen, Geschlecht usw., und zwar ziemlich zeitnah. Die Daten sind nämlich zeitlich ziemlich stabil, d.h. unter Berücksichtigung der Prognosen über die Gesamtzahl der Beschäftigten lassen sich für die Entwicklung des Lohnsteueraufkommens und der Sozialabgaben zumindest für die nähere Zukunft zuverlässige Vorausberechnungen anstellen.

*Tabelle 3 Besteuerung der verschiedenen Einkommensarten*

| | (1) | (2a) | (2b) | (2c) | (3a) | (3b) | (3c) | (3d) |
|---|---|---|---|---|---|---|---|---|
| | Gewerbebetrieb - AG, GmbH, KG, OHG etc. | kleiner Gewerbe-betrieb | Land- und Fortstwirt-schaft | selb-ständige Arbeit | nichtselb-ständige Arbeit | Vermietung und Ver-pachtung | Kapital-vermögen | sonstige Einkünfte §22 EStG |
| (1) | Gewinn lt. Bilanz §4 EStG | meistens (Wahlrecht) Gewinn lt. Einnahme-Überschußrechnung | | | Einkünfte | | | |
| | = | = | | | = | | | |
| (2) | Betriebsvermögen am Jahresende minus Betriebsvermögen zu Jahresbeginn | Betriebseinnahmen §4(3) EStG minus Betriebsausgaben §4(4) EStG | | | Einnahmen §8 EStG minus Werbungskosten §9 EStG | | | |

**Gesamtbetrag der Einkünfte**

minus

Sonderausgaben §10, 10b, 10c EStG; außergewöhnliche Belastungen §30-33c; Steuerbegünstigungen §10e-10i; Verlustabzug §10d; Altersentlastungsbetrag §24; Freibeträge für Land- und Forstwirte §13(3); Kinderfreibetrag §32(6); Haushaltsfreibetrag §32(7)

**zu versteuerndes Einkommen**

Steuersatz 0-42% (ab 2005)

**Einkommensteuer**

(4) *falls Personen-unternehmen wie KG, OHG* ⇑

(4) *falls Kapitalgesellschaften wie AG, GmbH*

(5) korrigiert um Zu- und Abrechnungen

(6) zu versteuerndes Einkommen

(7) Steuersatz 38% (ab 2001 inkl. ca. 13%-Punkte Gewerbesteuer)

(8) **Körperschaftsteuer**

Quelle: [Kordsmeyer, Steuerstatistik, 2002]

## 2.2 Über Steuern auf Unternehmertätigkeit und Vermögen wissen wir wenig

Vollkommen anders verhält es sich mit den Daten über die Steuern, die auf Unternehmertätigkeit und Vermögen entfallen. Die steuerpflichtigen Unternehmen führen zwar eine detaillierte Gewinn- und Verlustrechnung (bzw. Einnahme-Überschuss-Rechnung) durch, tragen aber nur das Ergebnis der Berechnungen, nämlich den Gewinn in die Steuererklärung ein und legen die Gewinn- und Verlustrechnung als Anlage bei. Nur der Gewinn, nicht die Gewinn- und Verlustrechnung selbst, wird von den Finanzbehörden im Ausgabedatensatz dokumentiert. Dies ist unverständlich, da nur so (wie z.B. in den USA) die Finanzämter halb-automatisch mit geeigneten Programmen die Bilanzen auf Stimmigkeit prüfen könnten. Für die bilanzierenden Unternehmen (Spalte 1 in Tabelle 3) und die anderen Unternehmer (Spalten 2a, 2b und 2c) gibt es deshalb sowohl in der Einkommen- als auch in der Körperschaftsteuerstatistik nur Angaben zum Gewinn (Zeile 1), jedoch keine Angaben zur Berechnung des Gewinns (Zeilen 2 und 3). Damit sind auch in der amtlichen Steuerstatistik darüber keine Angaben enthalten, wie der Gewinn im Einzelnen berechnet wurde.

Das Aufkommen an veranlagter Einkommensteuer (abzüglich des auf Löhne entfallenden Anteils), von Kapitalertrag- und Zinsabschlagsteuer, von Gewerbesteuer, von Körperschaftsteuer, von Vermögensteuer, von Grundsteuer etc. liegt deshalb zu Beginn des Folgejahres beim Bundesfinanzministerium nur als jeweilige Gesamtsumme vor, ggf. regional aufgeschlüsselt. Der Fiskus, das Parlament und die politische Öffentlichkeit können allerdings für diesen Bereich die pauschalen, in keiner Weise aufgeschlüsselten Angaben jeweils nur zur Kenntnis nehmen.

Auch die Steuerstatistiken für die private Vermögensverwaltung, also die Einkünfte aus Kapitalvermögen (Spalte 3c) und aus Vermietung und Verpachtung (Spalte 3b), sind wenig aussagekräftig. Seit jeher ist die Einkunftsart Vermietung und Verpachtung ein ausgesprochener „Kostgänger" der Einkommensteuer. Nach der Einkommensteuerstatistik 1992 standen positiven Einkünften in Höhe von 12,9 Mrd. € Verluste von 22,2 Mrd. € gegenüber, was ein Verlustverrechnungsvolumen von netto 9,3 Mrd. € bedeutete. Die aktuelle Einkommensteuerstatistik 1995 zeigt mit einem Gesamtergebnis der Einkommen aus Vermietung und Verpachtung von minus 18,4 Mrd. € ein noch größeres Verlustverrechnungsvolumen. Über das Zustandekommen dieser Aggregate bietet die Einkommensteuerstatistik ähnlich wenig Anhaltspunkte wie für die unternehmerischen Einkünfte. Auch hier gilt, dass man genauere Einblicke in die Einkommensermittlung der Steuerpflichtigen bräuchte.

Bei den Kapitaleinkünften privater Haushalte ist auffällig, dass ebenfalls nur ein relativ geringer Anteil steuerlich erfasst wird. So weist die Einkommensteuerstatistik 1992 Einkünfte aus Kapitalvermögen von (netto) 28,5 Mrd. € aus, während die volkswirtschaftlichen Gesamtrechnungen (VGR) für die Vermögenseinkommen der privaten Haushalte 105 Mrd. € nachweisen (Bericht des Landesrechnungshofes Baden-Württemberg 1991-1995); wo sind die knapp 80 Mrd. € geblieben, die in der volkswirtschaftlichen Statistik auftauchen, bei den Finanzämtern dagegen nicht?

Wie und wodurch die teilweise seit Jahren abnehmenden Steuererträge im Einzelnen zustande kommen, darüber lassen sich aufgrund der geschilderten Datenlage bestenfalls Vermutungen anstellen. Über die detaillierte Struktur der Steuereinnahmen jenseits von Verbrauchssteuern, von Lohnsteuer und von Sozialabgaben wissen wir eben noch immer erstaunlich wenig, und was wir wissen, ist jeweils 4 bis 5 Jahre alt und somit veraltet. So stellen sich etwa folgende offene Fragen:

- Wie hoch ist die *tatsächliche* Besteuerung der Kapitaleinkünfte von Privatpersonen?

- Wie viel Kosten werden als Betriebsausgaben/Werbungskosten geltend gemacht, denen kein realer Werteverzehr gegenübersteht (erhöhte Abschreibungen bzw. Sonderabschreibungen, Bildung von stillen Reserven etc.)? Wie wirken sich Veränderungen der Abschreibungsbedingungen aus?

- Wie hoch ist die *tatsächliche* Belastung von kleinen und mittleren Unternehmen im Vergleich zu großen Unternehmen?

- Wie wirkt sich das heutige Steuersystem auf deklarierte Erträge, deklarierte Kosten und deklarierte Gewinne vor Steuern aus, kurz: Wie groß ist die Differenz zwischen politisch gewollten, gesetzlich möglichen und tatsächlich bezahlten Steuersätzen?

- Wie ist die Situation jeweils in bestimmten Branchen, Sektoren, Regionen?

- Wie viel versteuerte Rücklagen und unversteuerte Rückstellungen haben die deutschen Unternehmen in ihren Bilanzen verbucht, die zu gegebener Zeit zur Steuerrückerstattung genutzt werden können bzw. die kassenmäßigen Steuereinnahmen wesentlich beeinflussen können?

- Wie hoch sind insgesamt die Verlustvorträge, welche die Unternehmen in einem beliebigen Folgejahr steuermindernd geltend machen können?

- Welcher Anteil der in Deutschland erwirtschafteten Erträge wird nicht in Deutschland, sondern im Ausland versteuert (oder auch nicht)?

- Welcher Anteil der in Deutschland erwirtschafteten Erträge wird – in Deutschland ganz legal unbesteuert – als Zinszahlung oder Lizenzgebühr oder ähnliches ins Ausland transferiert?

- Welche Verhaltensanpassungen löst das Steuersystem aus?

Der Mangel an belastbaren Datengrundlagen war in den letzten Jahren durchaus spürbar: Die Steuerschätzungen mussten häufig nach unten korrigiert werden, insbesondere der Einbruch bei der veranlagten Einkommensteuer konnte nicht im tatsächlichen Ausmaß vorhergesehen werden. Auch das Körperschaftsteueraufkommen blieb schon in der Vergangenheit nicht selten hinter den Erwartungen. Anfang 2002 rätselte das Bundesfinanzministerium und die Mitglieder der amtlichen Steuerschätzkommission über einen unerklärbaren Einbruch bei der Umsatzsteuer in Höhe von mehreren Mrd. Euro, die Erklärungsversuche blieben sehr vage („allgemeine Zunahme der Schwarzarbeit, Zunahme des Umsatzsteuerbetrugs").

*Kasten 1  Abschätzung nützlicher pauschaler Daten*
*trotz mangelnder Steuerstatistiken*

Die veranlagte Einkommensteuer in 2001 beträgt laut amtlicher Steuerschätzung von Mai 2001 vor Verrechnungen 36,5 Mrd. €. Hiermit werden verrechnet: Erstattungen an Arbeitnehmer: 21,0 Mrd. €, Eigenheimzulage 8,2 Mrd. € und Investitionszulage 0,84 Mrd. €. Das Kassenaufkommen beträgt lt. Steuerschätzung damit 6,5 Mrd. €. Die Eigenheimzulage von 8,2 Mrd. € und die Investitionszulage von 0,84 Mrd. € verringern offensichtlich die Steuerbelastung von Einkommen aus Unternehmertätigkeit (Investitionszulage) und Vermögen (Eigenheimzulage), auch wenn ein großer Teil der Eigenheimzulage an unselbständig Tätige bezahlt wird.

Die Erstattungen an Arbeitnehmer von 21,0 Mrd. € im Rahmen ihrer Einkommensteuererklärung („Lohnsteuerjahresausgleich") resultieren teilweise aus Lohn-Werbungskosten, die den jährlichen Pauschalbetrag von 1.022 € pro Arbeitnehmer überstiegen und nicht in der Lohnsteuerkarte als Lohnsteuerermäßigung vorab eingetragen wurden. Insoweit vermindern sie die Steuerbelastung von Einkommen aus unselbständiger Tätigkeit (= Lohneinkommen) dieser Personen. Teilweise resultieren sie aus Werbungskosten für Einkommen aus Vermietung und Verpachtung und anderen Einkommen aus Unternehmertätigkeit & Vermögen, die nicht schon als Steuerfreibetrag auf der Lohnsteuerkarte eingetragen worden sind. Insoweit vermindern sie die Steuerbelastung aus Unternehmertätigkeit und Vermögen dieser Personen.

Eine entsprechende Aufteilung dieser Erstattungen an Arbeitnehmer in Höhe von 21,0 Mrd. € wird vom Bundesministerium der Finanzen nicht angegeben. Für die Berechnungen wird angenommen, dass zwei Drittel, also etwa 14 Mrd. € auf Entlastungen von Lohneinkommen und ein Drittel auf Entlastungen von Einkommen aus Unternehmertätigkeit und Vermögen entfallen. Die kassenmäßig ausgewiesene Belastung von Einkommen aus unselbständiger Tätigkeit durch die Lohnsteuer (inkl. Solidaritätszuschlag) von rund 141 Mrd. € muss also um diese 14 Mrd. € niedriger angesetzt werden (also etwa um 10% verringert werden), um die tatsächliche Belastung von 127 € zu erhalten. Das kassenmäßige Aufkommen aus der veranlagten Einkommensteuer von 6,5 Mrd. € muss entsprechend um diese 14 Mrd. € erhöht werden, um die tatsächliche Belastung von Einkommen aus Unternehmertätigkeit und Vermögen durch die veranlagte Einkommensteuer in Höhe von rund 21 Mrd. € zu erhalten. Ähnliche Korrekturen müssen für frühere Jahre durchgeführt werden. Die Berechnungen für die Abbildungen 1 und 2 berücksichtigen diese Korrekturen.

Auch die Wirkungen der weitreichenden Änderungen bei der Unternehmensbesteuerung, wie sie teilweise bereits durch das Steuerentlastungsgesetz vom Frühjahr 1999 umgesetzt wurden und mit der Unternehmensteuerreform 2001 fortgeführt wurden, waren auf der Basis vorhandener Datengrundlagen nur mit Unsicherheit zu quantifizieren. Berechnungen, wie sie etwa das Bundesfinanzministerium für Gesetzesentwürfe oder Kommissionsvorschläge bereitstellt, bleiben hinsichtlich Methode und Datengrundlage weitgehend im Dunkeln; schon mangels relevanter Datengrundlagen können Dritte – Wissenschaft oder Verbände – diese Berechnungen nicht nachvollziehen.

Entsprechend umstritten waren die daraus resultierenden Belastungswirkungen – etwa bei Veränderungen der steuerlichen Abschreibungsbedingungen oder Rückstellungsmöglichkeiten. Das Multimilliardenloch bei den Unternehmensteuern für 2001 wurde erst Anfang 2002 offensichtlich. Zwar hatte Prof. Jarass schon in der Kommission zur Reform der Unternehmenssteuern auf der Basis eigener grober Abschätzungen vor Steuerausfällen im höheren zweistelligen Milliardenbereich gewarnt, wenn die Unternehmen zukünftig deutlich niedrigere Steuersätze bezahlten und zudem früher bezahlte Steuern zurückbekämen. Doch für eine überzeugende, also detaillierte und nachvollziehbare Abschätzung wären veröffentlichte Daten zur Struktur der insgesamt von deutschen Unternehmen angesammelten versteuerten Rücklagen erforderlich gewesen. Nun werden wir erst in einigen Jahren wissen, ob diese ‚kleine‘ Ergänzung der Steuerreform den Fiskus ‚nur‘ 25 Mrd. € oder doch bis zu 40 Mrd. € kosten wird.

Angeblich gibt es Verlustvorträge im Wert von rund 235 Mrd. €. Doch ist diese Zahl eine Schätzung auf der Basis der Steuerstatistik 1995. Zudem gibt es keine ausreichenden Datengrundlagen zur Struktur der Unternehmen, um die Inanspruchnahme der Verlustvorträge und so die zu erwartenden Steuerverluste genau abzuschätzen. Auch hier ist die Bundesregierung auf die Finanzverwaltungen der Bundesländer angewiesen, in deren Hoheit die Unternehmenssteuern verwaltet werden. Dort werden teilweise detailliertere Daten zu Gewinnermittlung oder Steuerbilanzen erhoben – jedoch in der Regel ad hoc und wenig systematisch. Genaueres zu Erhebungsverfahren, Repräsentativität und Zuverlässigkeit der Daten ist nicht bekannt; Dritten werden diese Daten nicht offiziell zur Verfügung gestellt.

## 2.3 Verbesserung und Aktualisierung von Steuerdaten für die Bundesrepublik Deutschland als eine Voraussetzung für Reformpolitik

Steuer-, Wirtschafts-, Beschäftigungs- und Sozialpolitik ist ohne diese Informationen fast blind, denn rationale politische Planungen und Entscheidungen setzen eine möglichst genaue Kenntnis des Ist-Zustandes voraus, damit die Auswirkungen von Reformen abschätzbar und dem Wähler vermittelbar sind. Für den Bereich der Steuerpolitik heißt das, dass für alle Steuerarten aktuelle Daten zu Bemessungsgrundlagen, Steuersatz und tatsächlich bezahlter Steuer verfügbar sein sollten, vgl. Kasten 2. Demgegenüber ist die Situation in Deutschland geradezu grotesk: Die Aktualität und Präzision der Daten über Schweineschlachtungen wurde schon erwähnt, aber im Jahr 2002 stammen die aktuellsten Statistiken der Besteuerungsgrundlagen aus dem Jahr 1995. Eine Gewerbesteuerstatistik (Aufkommen in 2001 24 Mrd. €) existierte seit Beginn der 70er Jahre nicht mehr – übrigens wurde sie damals mit der Begründung eingestellt, die Gewerbesteuer solle ohnehin abgeschafft werden. Erst seit 1995 wurde die Gewerbesteuerstatistik wieder eingeführt; Ergebnisse für 1995 liegen seit 2000 vor.

---

*Kasten 2  Verbesserung von Steuerdaten*
*für die Bundesrepublik Deutschland*

---

Viele höchst brisante Fragen zu den Belastungswirkungen der bestehenden Unternehmensbesteuerung und deren Reform für Wirtschaft und Privathaushalte sowie – spiegelbildlich dazu – zu den fiskalischen Wirkungen auf die öffentlichen Haushalte werden sich nur dann beantworten lassen, wenn endlich zeitnahe Daten erhoben werden, aus denen die Auswirkungen von Steueränderungen erstmals halbwegs zuverlässig abschätzbar sind. Zudem würden damit belastbare und nachvollziehbare Datengrundlagen zur Verfügung gestellt, die eine Simulation von einzelnen Reformmaßnahmen erlauben, namentlich auch unter Berücksichtigung von Verhaltensanpassungen der Steuerpflichtigen. Hierzu gibt es Anstrengungen des Statistischen Bundesamts bezüglich Aufwendungsfragen und Methodik, die der nachhaltigen Unterstützung der Bundesregierung bedürfen, vgl. [Zwick, Steuerstatistik, 2002].

Was vor allem fehlt, ist eine möglichst detaillierte Ableitung der Bemessungsgrundlagen (Steuertatbestände und steuermindernd geltend gemachte Tatbestände) bei der Unternehmensbesteuerung und bei der Besteuerung von privaten Kapitalerträgen. Ziel muss es sein, die von jedem Unternehmen bei der Erstellung der Einnahme-Überschuss-Rechnung bzw. der Gewinn- und Verlustrechnung ohnehin erhobenen Daten in Zusammenarbeit mit den Unternehmen standardisiert zu erheben (z.B. Zinsen, Sonderabschreibungen), zeitnah zusammenzufassen und bundesweit zu disaggregieren: nach Branchen, Regionen, groß/klein, ggf. auch für einzelne typische Unternehmen unter Beachtung des Datenschutzes. Mit anderen Worten: Die Steuertatbestände und die abzugebenden Steuererklärungen sollten so gestaltet sein, dass alle zur Beantwortung der oben gestellten Fragen erforderlichen Daten leicht abzulesen und – anonymisiert – elektronisch erfassbar sind. Dies war bereits im Entwurf des Steuerentlastungsgesetzes 1999/2002 vorgesehen und zwar zu Artikel 11 (§379 Abgabenordnung):

„Zur Steigerung der Effektivität und der besseren Nutzung der elektronischen Datenverarbeitung innerhalb der Finanzverwaltung ist es erforderlich, dass die Aufzeichnungs- und Erklärungspflichten verbessert werden, um Implausibilitäten und steuerlich relevante Prüffelder leichter erkennen zu können. In der internationalen Besteuerungspraxis wie z.B. in den USA und in Frankreich werden von der Steuerverwaltung umfangreiche Dokumentationen gefordert, die es ermöglichen, die Besteuerungsgrundlagen automatisiert und ohne aufwendige Betriebsprüfungen festzustellen. Durch die neue Vorschrift soll den Finanzbehörden die Möglichkeit gegeben werden, die Mitwirkungspflichten im Steuererklärungsverfahren, die bisher nur lückenhaft sanktioniert werden können, besser durchzusetzen. Eine Lösung besteht darin, ... die Voraussetzungen für eine bundesweit funktionierende elektronische Erfassung und Bearbeitung der abgefragten Besteuerungsgrundlagen zu schaffen. Dadurch könnten die Unternehmen von einem zusätzlichen Verwaltungsaufwand entlastet werden." Wie sagte schon Georg Christoph Lichtenberg, 1742-1799: „Eine Kenntnis der Dinge trägt oft erheblich zu ihrer Erkenntnis bei".

Die Darstellung der vielen offenen Fragen soll zunächst nur zeigen, welch ein schwieriges Geschäft die Steuerreform ist. Zum einen, weil hier natürlicherweise Interessengegensätze aufeinanderprallen, weit mehr noch aber, weil in der Öffentlichkeit – mangels allgemein bekannter, aktueller Daten – ein völlig unzutreffendes Bild über die tatsächliche Belastung durch Steuern und Abgaben aufrecht erhalten werden kann:

- Ein Spitzensteuersatz von bisher knapp über 50%, ab 2005 rund 45%, gilt als unerträgliche Belastung. Dass von dem Personenkreis, dem dieser Spitzensteuersatz angedroht wird, ausweislich der bekannten

Daten über den Gesamtertrag der veranlagten Einkommensteuer, die Mehrzahl durchschnittlich eher weniger als 25% Steuern tatsächlich bezahlt, davon ist wohlweislich nicht die Rede.

- Steuersenkungen werden zu einem Hauptthema im Wahlkampf gemacht; aber wessen Steuern eigentlich senken? Die der Konzerne, die selbst nach den Angaben des Handelsblattes – nicht eben als sozialistisches Kampfblatt bekannt, bereits heute fast keine Steuern mehr bezahlen? Oder die Steuern des Facharbeiters oder der mittleren Angestellten, denen nicht nur auf dem Papier, sondern ganz real im Mittel fast die Hälfte, in der Spitze zwei Drittel des Lohns vom Staat abgezogen wird? Oder die Steuern des Bäckermeisters, der nicht die Dienste einer global operierenden Steuerkanzlei in Anspruch nehmen kann und deshalb tatsächlich bis zu 45% Einkommensteuer auf seinen Gewinn bezahlen muss, nachdem er Mehrwertsteuer, Lohnsteuer und Sozialversicherungsbeiträge für seine fest angestellten Mitarbeiter bezahlt hat?

Bei durchgehender Einführung der in Teil III erläuterten Mindest-Besteuerung für private und betriebliche Einkommen wäre auch eine zeitnahe Erfassung der Steuertatbestände und damit z.B. auch die Steuerschätzung wesentlich einfacher, weil das dann als Bemessungsgrundlage verwendete ,tatsächliche Einkommen' sehr viel eindeutiger definiert und erfassbar ist als das heute zugrunde gelegte ,zu versteuernde Einkommen'. Vereinfacht würde dadurch nicht nur eine genauere Steuerschätzung, sondern auch die Steuererklärung der Steuerpflichtigen, weil zukünftig nur noch eine geringere Anzahl von einfach belegbaren steuermindernden Tatbeständen geltend gemacht werden könnten.

# 3 Wer zahlt viel und wer zahlt wenig – eine erste Bestandsaufnahme

Das im Folgenden angewandte Verfahren der Zuordnung von Steuern nach volkswirtschaftlichen Kriterien, vgl. Kasten 3, wurde in Abstimmung mit Steuerexperten der europäischen Union und der OECD in den 90er Jahren entwickelt, siehe [Jarass/Obermair, EU Steuersystem, 1999].

---

*Kasten 3  Zuordnung von Steuern nach volkswirtschaftlichen Kriterien*

Die Gesamtzahl der in Deutschland erhobenen Steuern dürfte selbst Wirtschaftsfachleute überraschen: Nach der einheitlichen Erfassung in der europäischen Steuerstatistik [EU, Steuerstatistik, 2001] sind es in Deutschland über 30 verschiedene Steuern, z.B. auf Vergnügung, auf Salz und auf Einkommen, zahlreiche in Deutschland als Abgaben bezeichnete Steuern sind hier noch gar nicht enthalten; in Österreich sind es knapp 30, in Finnland fast 50 und in Frankreich über 80 einzelne Steuerarten. In Polen hingegen sind es nur ca. 20 laut einer im Auftrag der EU im Jahr 2000 durchgeführten Untersuchung der Steuersysteme der EU-Beitrittskandidaten [Jarass/Obermair, Steuersysteme in Osteuropa, 2000].

Um diese Vielzahl an Steuern zu ordnen, könnten wir zunächst der üblichen steuertechnischen Einteilung folgen:

- direkte Steuern, welche direkt auf das Einkommen von Personen und Betrieben erhoben werden, und

- indirekte Steuern auf Güter und Dienstleistungen, die auf Personen und Unternehmen eben nur indirekt nach Maßgabe ihres Verbrauchs solcher Güter einwirken.

Um aber den Bezug zwischen Steuern und Wirtschaft sichtbar zu machen, unterteilen wir stattdessen im weiteren nicht nach diesen steuertechnischen, sondern nach ökonomischen Gesichtspunkten, nämlich nach Produktionsfaktoren und nach Konsum:

- Steuern und Abgaben auf den Produktionsfaktor Arbeit (z.B. Lohnsteuer und Sozialabgaben);

- Steuern und Abgaben auf den Produktionsfaktor Kapital (z.B. Körperschaftsteuer und Grundsteuer);

- Steuern und Abgaben auf den Produktionsfaktor natürliche Ressourcen und Umwelt (z.B. Mineralölsteuer);
- sonstige Verbrauchssteuern (z.B. Mehrwertsteuer, Tabaksteuer usw.).

Alle Verbrauchssteuern, z.B. die Mehrwertsteuer, sowie die Steuern auf natürliche Ressourcen und Umwelt sind jedoch nicht Gegenstand dieses Buches. Wir konzentrieren uns auf die Steuern und Abgaben auf den Produktionsfaktor ‚Arbeit' einerseits und auf den Produktionsfaktor ‚Kapital' andererseits. Bei den Abgaben werden nur Arbeitnehmer- und Arbeitgeber-Beiträge zur Sozialversicherung berücksichtigt.

### 3.1 Lohnsteuer und Sozialabgaben

Hier untersuchen wir zunächst nur die Summe aller Belastungen, die auf die Lohneinkommen insgesamt entfallen. Alles in allem sprechen wir hier übrigens jenseits trockener statistischer Zahlen von den Lebensverhältnissen des überwiegenden Teils der Bevölkerung. Das Ergebnis einer ersten Bestandsaufnahme zeigt die Abbildung 1.

Abbildung 1a zeigt die auf Löhne bezahlten Steuern und Abgaben für den Zeitraum 1965 bis 2001; dabei sind die Werte bis 1990 nur für Westdeutschland, danach für Gesamtdeutschland abgebildet. Wie Abbildung 1b zeigt, wurde für Löhne die durchschnittliche Belastung durch Steuern und Abgaben von 23% in 1965 kontinuierlich auf 40% in 1995 angehoben und wurde seitdem nur geringfügig auf rund 38% reduziert. Wie diese hohe Belastung bei unterschiedlichen Lohngruppen und Familiensituationen im Einzelnen zustande kommt und wie sie in der Spitze mit dem Brutto-Lohn ansteigt, wird im Kapitel 5 im Detail dargestellt.

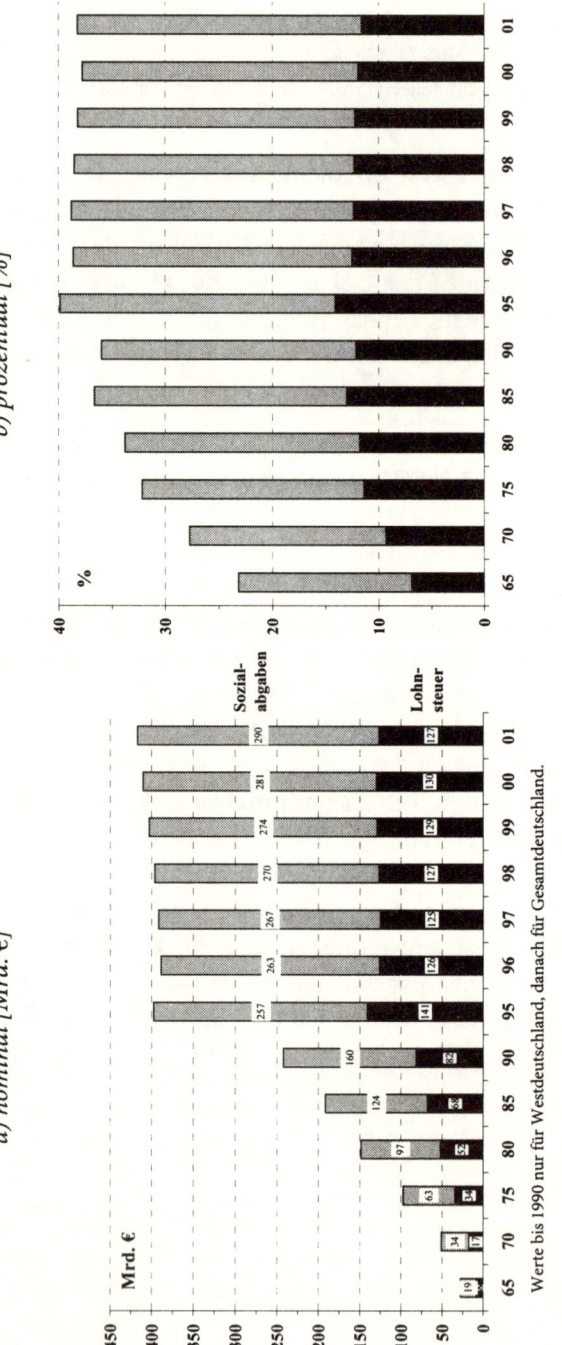

*Abbildung 1　Steuern und Sozialabgaben auf Löhne in Deutschland*
*(zum Berechnungsverfahren siehe Kasten 4)*

*a) nominal [Mrd. €]*

*b) prozentual [%]*

Werte bis 1990 nur für Westdeutschland, danach für Gesamtdeutschland.

## Kasten 4  Berechnungsgrundlagen für die Abbildungen 1 und 2

Die Zahlen, die in die Abbildungen 1 und 2 einfließen, werden aktuell, etwa vom Statistischen Bundesamt, veröffentlicht. Die Steuern werden in ihrer Summe vom Bundesministerium der Finanzen aktuell erhoben und sind beim Statistischen Bundesamt verfügbar; zu internationalen Vergleichen siehe [OECD, Steuerstatistiken, 2001]. Für die Sozialabgaben (Arbeitnehmer- und Arbeitgeber-Anteil) ergeben sie sich aus den Angaben der Sozialkassen, wobei jeweils nur gesetzlich vorgeschriebene Abgaben berücksichtigt werden. Tarifvertraglich ausgehandelte oder freiwillige Zahlungen, z.B. in die gesetzliche Sozialversicherung oder in private Fonds, bleiben unberücksichtigt; entsprechend wurde es von der Organisation für wirtschaftliche Zusammenarbeit und Entwicklung (OECD), Paris, für internationale Vergleiche festgelegt. Für die tatsächliche bezahlte Lohnsteuer folgen sie aus den Korrekturen, die an der abgeführten Lohnsteuer (für 2001 rund 140 Mrd. € inkl. Solidaritätszuschlag) angebracht werden müssen, vgl. Kasten 1 in Abschnitt 2.2. Nach diesen Korrekturen ergibt sich die in Abbildung 1a gezeigte Summe von 127 Mrd. €. Der Arbeitgeber war in den letzten Jahrzehnten in unterschiedlichem Umfang verpflichtet, für seine Arbeitnehmer Kindergeld auszuzahlen bei entsprechender Kürzung der Lohnsteuerabführung. Dies bleibt hier unberücksichtigt, was zu einer Unterschätzung der Belastung von Lohneinkommen führt.

Die prozentuale Belastung der unselbständigen Tätigkeiten wird, internationaler volkswirtschaftlicher Übung folgend, wie folgt definiert: Summe der tatsächlich bezahlten Lohnsteuern und Sozialabgaben geteilt durch die Summe der tatsächlich aufgewendeten Brutto-Lohnkosten (also Brutto-Lohn plus Arbeitgeberanteil an den gesetzlichen Sozialversicherungsabgaben). Die Summe der Brutto-Lohnkosten, international als „compensation of employees" bezeichnet, ist zuverlässig bekannt. Sie werden von den Arbeitgebern als Betriebsausgaben von den Betriebseinnahmen abgezogen (vgl. Abschnitt 2.1) und sind, anders als manche andere Betriebsausgaben, kaum manipulierbar.

Die gezeigte prozentuale Belastung der Einkommen aus Unternehmertätigkeit und Vermögen wird, in Analogie zum Verfahren bei der Belastung der Löhne in Abbildung 1b, wie folgt errechnet: Summe der tatsächlich bezahlten Steuern auf diese Einkommen geteilt durch die Summe dieser Einkommen. Die Summe dieser Einkommen wird allerdings, im Gegensatz zur Brutto-Lohnkostensumme, nicht unmittelbar gemessen, sondern in der volkswirtschaftlichen Gesamtrechnung aus dem Bruttosozialprodukt, also aus der Summe aller produzierten Güter und Dienstleistungen ermittelt:

- Das Volkseinkommen ergibt sich, indem vom Bruttosozialprodukt die indirekten Steuern (wie Mehrwertsteuer etc.) und die Abschreibungen (also der Werteverlust der genutzten Investitionsgüter und Infrastruktur) abgezogen werden und die staatlichen Subventionen dazu addiert werden.

- Vom Volkseinkommen wird die Summe der Brutto-Lohnkosten abgezogen, übrig bleibt so als Restgröße das gesuchte „Einkommen aus Unternehmertätigkeit und Vermögen".

### Die Wirkung von Verbrauchssteuern
### bei großen und bei kleinen Einkommen

Die Einwohner Deutschlands werden in ihrer Eigenschaft als Konsumenten mit durchschnittlich rund 17% des Konsums belastet und zwar durch Mehrwertsteuer und andere Verbrauchssteuern z.B. auf Benzin, Heizöl, Tabak. Diese Belastung fällt umso stärker ins Gewicht, je niedriger das Einkommen einer Person oder Familie ist. Selbst wer unterhalb des (von der Einkommensteuer befreiten) Existenzminimums liegt, muss dennoch beträchtliche Konsumsteuern bezahlen. Es kann sich am Ende die bemerkenswerte Situation ergeben, dass vom Einkommen eines Kleinstverdieners ein höherer Prozentsatz an den Staat fließt als von dem eines Großverdieners. Der Großverdiener kann seine Einkommensteuerlast nämlich auf geringe Werte reduzieren. Selbst bei großzügiger Lebensgestaltung konsumiert er nur den kleineren Teil seines Einkommens, den größeren Teil aber spart bzw. investiert er. Die Erträge dieser Investitionen können bei geschickter Gestaltung wieder steuerlich weitgehend entlastet werden, und zwar in der Regel umso mehr, je höher diese Investitionen sind.

## 3.2 Steuern auf Unternehmertätigkeit und Vermögen

Die Steuern auf Einkommen aus Unternehmertätigkeit und Vermögen (heute in der amtlichen Statistik auch „Betriebsüberschuss/Selbständigeneinkommen" genannt) werden aufgeteilt in 3 Kategorien:

- Steuern auf das Einkommen von Kapitalgesellschaften (u.a. Körperschaftsteuer, anteilige Gewerbesteuer): weiße Teilsäule in Abbildung 2.

- Steuern auf das Einkommen von natürlichen Personen und von Personengesellschaften (u.a. Einkommensteuer, anteilige Gewerbesteuer): schwarze Teilsäule in Abbildung 2.

- Steuern auf Vermögen (u.a. Grundsteuer, Grunderwerbsteuer, Vermögensteuer bis zu ihrer Aussetzung in 1997): gerasterte Teilsäule in Abbildung 2.

Abbildung 2 zeigt eine Auswertung für den Zeitraum 1965 bis 2001; hierbei gelten die Werte wie in Abbildung 1 bis 1990 nur für Westdeutschland, danach für Gesamtdeutschland. Dabei zeigt sich hinsichtlich der Bezieher hoher Einkommen, der Eigentümer großer Vermögen und der Unternehmensgewinne (vor allem große, zunehmend global operierende Unternehmen spielen hier eine Rolle) ein gänzlich anderes Bild als bei den Lohnempfängern.

Die kassenmäßigen Einnahmen aus der veranlagten Einkommensteuer etwa wurden in Deutschland von 1985 bis 2001 von 15 Mrd. € auf 9 Mrd. € fast halbiert (in beiden Jahren muss jeweils ein Teil der Lohnsteuererstattungen wieder dazugerechnet werden, vgl. Kasten 4, was den Trend nicht ändert).

Einzelunternehmer und Personengesellschaften können die bezahlte Gewerbesteuer seit 2001 auf ihre Einkommensteuerschuld anrechnen, so dass in vielen Fällen keine zusätzliche Belastung durch die Gewerbesteuer mehr resultiert – eine durchaus gewünschte maßvolle Verringerung der Belastung des Mittelstands.

Die Gewinne der Kapitalgesellschaften waren von 1996 bis 1998 um rund 70% explodiert [Bundesbank, Unternehmenserträge, 2001], die Steuerzahlungen stiegen nur um 20% auf 31 Mrd. €, vgl. Abbildung 2a. Durch Maßnahmen des kurzzeitigen Finanzministers Lafontaine konnten dann ab 1999 die von Kapitalgesellschaften tatsächlich bezahlten Steuern zumindest auf rund 42 Mrd. € erhöht werden, nur um im Jahre 2001 auf 17 Mrd. € abgesenkt zu werden, der absolute Tiefstand seit über 25 Jahren. Verantwortlich für diesen Rückgang um rund 25 Mrd. € war vor allem die Entwicklung der Körperschaftsteuer, die im Jahr 2000 noch 24 Mrd. € erbrachte, im Jahr 2001 dagegen einen negativen Ertrag (d.h. Rückzahlungen) von 0,4 Mrd. €, ein Trend, der sich auch 2002 fortzusetzen scheint, entgegen den vom Bundesministerium der Finanzen veröffentlichten Hoffnungen und Beschwörungen.

Abbildung 2 Steuern auf Einkommen aus Unternehmertätigkeit und Vermögen
(zum Berechnungsverfahren siehe Kasten 4)

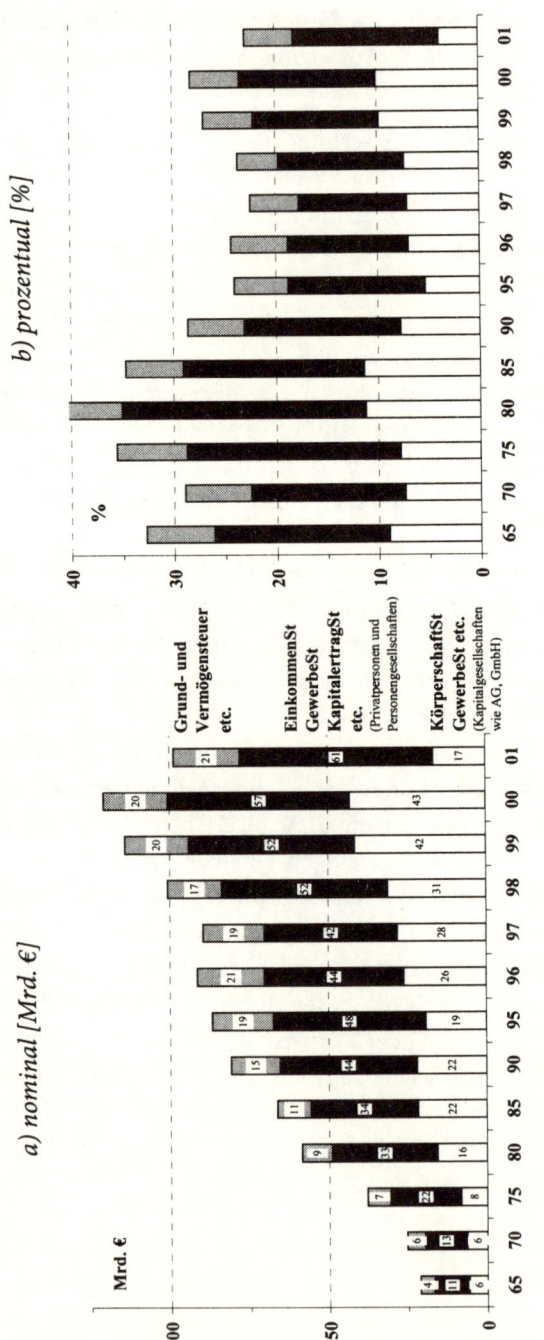

Werte bis 1990 nur für Westdeutschland, danach für Gesamtdeutschland.

Die einzige tatsächlich im Jahr 2001 verbliebene Steuerbelastung für Kapitalgesellschaften ist die Gewerbesteuer, die im Jahr 2001 nur geringfügig zurückgegangen ist und auch deshalb von den Industrieverbänden als wirtschaftsfeindliche Steuer gebrandmarkt wird. Teile von CDU, SPD und die FDP wollen sie ganz abschaffen, womit viele Gemeinden endgültig ruiniert würden. Selbst der Parteivorstand der GRÜNEN stellte im Entwurf des Wahlprogramms 2002 eine Abschaffung der Gewerbesteuer als eine von zwei Alternativen zur Diskussion, wohl angeregt durch einige Flaschen guten schwäbischen Trollinger. Die Einnahmenausfälle sollten durch eine Erhöhung des kommunalen Anteils an der Einkommensteuer ausgeglichen werden.

Auch der Bund Deutscher Industrie (BDI) hat im Mai 2001 entsprechende Vorschläge vorgelegt, vgl. [Jarass, Gemeindefinanz-Reform, 2002]: Abschaffung der Gewerbesteuer und Umlegung auf die Einkommen- und Körperschaftsteuer. Damit würden zukünftig – nach den drastischen Rückgängen bei der Körperschaftsteuer – im Wesentlichen die Lohnsteuerzahler auch noch diese Last durch Erhöhung der Lohnsteuer zu tragen haben, auch kleinere Gewerbetreibende, die derzeit Freibeträge bei der Gewerbesteuer haben, würden durch diese Umverteilung zusätzlich belastet; kurzum: ein weiteres Steuersenkungsprogramm für die großen Konzerne zu Lasten der Arbeitnehmer und des Mittelstands. Dem BDI als Interessenvertretung der Konzerne ist ein solcher Vorschlag nicht übel zu nehmen, er tut nur seinen Job. Aber Politiker und Parteien sollten eigentlich nachhaltig die Interessen der Kernzellen unseres Staates – der Bürger und ihrer Gemeinden – vertreten. Hoffentlich haben deshalb die GRÜNEN bei ihrem Wahl-Parteitag Anfang Mai in Wiesbaden die vorgeschlagene zweite Alternative ins Wahlprogramm aufgenommen, nämlich eine tragfähige Gewerbesteuerreform als ein wesentliches Element der Gemeindefinanzreform (vgl. Abschnitt 11.3).

Kommen wir zurück zu der prozentualen steuerlichen Belastung der Einkommen aus Unternehmertätigkeit und Vermögen, dargestellt in Abbildung 2b. Was wir sehen ist eine wilde Slalomfahrt: Die tatsächlich bezahlte Belastung wurde von rund 30% Ende der 60er Jahre auf über 40% in 1980 unter der SPD/FDP-Koalition angehoben. Unter der Kohl-Regierung wurde die Belastung bis Mitte der 90er Jahre auf unter 25% abgesenkt. Die Schröder-Regierung erhöhte sie durch das Schließen von Steuerschlupflöchern unter Finanzminister Lafontaine wieder auf 28%, ab

2001 allerdings wurde die Belastung *erneut* auf den Wert von 1997, nämlich auf 23% abgesenkt: eine unerfreuliche Steuerrealität, die das Ergebnis
einer Vielzahl von fragwürdigen steuerpolitischen Entscheidungen ist.
Die Hauptrolle bei der jüngsten Talfahrt spielt, wie erwähnt, die Körperschaftsteuer: Während die Kapitalgesellschaften 1985 noch rund 16 Mrd.
€ Körperschaftsteuer bezahlten, bekamen sie im Jahr 2001 0,4 Mrd. €
netto zurück; allein in den ersten 2 Monaten des Jahres 2002 betrugen die
Rückerstattungen schon wieder 1,2 Mrd. €.

Viele höchst profitable Unternehmen werden auch in den kommen-
den Jahren (fast) keine Körperschaftsteuern zahlen. Der Bundesfinanz-
minister hat erklärt, dass die Steuerrückgänge ein einmaliger Übergangs-
effekt des Jahres 2001 seien, und schon im Jahr 2002 wieder mit weit über
10 Mrd. € Körperschaftsteuer zu rechnen sei, vgl. [BMF, Unternehmensteuerreform, 2002]: „In aktuellen Presseberichten über den starken
Rückgang der Körperschaftsteuereinnahmen werden häufig verschieden-
ste tatsächliche und vermeintliche Erklärungsfaktoren durcheinanderge-
würfelt und insgesamt wird der falsche Eindruck erweckt, der Einnahmerückgang sei das Ergebnis einer fehlerhaften Steuerreform. In einigen
Veröffentlichungen wird sogar suggeriert, es handele sich um eine be-
wusste und geplante Bevorzugung von Großkonzernen. Derartige Unter-
stellungen sind entschieden zurückzuweisen."

Wie dem auch sei: Insgesamt haben die Kapitalgesellschaften im Jahr
2001 gegenüber 2000 rund 27 Mrd. € weniger Steuern bezahlt, wovon nur
etwa 7 Mrd. € durch die höhere Kapitalertragsteuer auf Dividendenaus-
schüttungen wettgemacht wurden. Nicht zuletzt wegen dieser Steuerminderung von netto rund 20 Mrd. € (also rund 250 € pro Kopf der deutschen Bevölkerung) hatte Deutschland im Jahr 2001 ein Haushaltsdefizit
von insgesamt 56,3 Mrd. €. Bei angemessener Besteuerung der Kapitalgesellschaften hätte die Defizitquote nicht bei 2,7% – der höchsten in der
EU – gelegen, sondern deutlich unter 2% und damit in der vorgesehenen
Bandbreite. Die von der Bundesregierung schon angekündigten weiteren
Sparprogramme würden sich dann erübrigen.

Woher kommt denn nun der dramatische Steuerrückgang der Körperschaftsteuer von 23,6 Mrd. € in 2000 auf –0,4 Mrd. € in 2001 und wer ist
daran schuld? Unseres Erachtens hat der Steuerrückgang fünf Ursachen:
Nr. 1 (Nachlassende Konjunktur) ist von der Regierung nur wenig beein-
flussbar. Nr. 2 (Steuersatzsenkung) ist eine sinnvolle Maßnahme. Bei Nr.

3 (Fehlende Gegenfinanzierung), bei Nr. 4 (Verlustverrechnung) und bei Nr. 5 (Steuerrückzahlung aus früheren Jahren) besteht dringender Nachbesserungsbedarf durch die Bundesregierung:

Nr. 1: Die allgemein nachlassende Konjunktur und die resultierende Verringerung der ausgewiesenen Gewinne.

Dies kann nicht der entscheidende Effekt sein, denn die von Kapitalgesellschaften bezahlte Gewerbesteuer ging nur um rund 10% zurück. Warum? Die Gewerbesteuersätze blieben unverändert (Nr. 2), bei der Gewerbesteuer sind die Steuerschlupflöcher geringer als bei der Körperschaftsteuer (Nr. 3), die Verlustverrechnung ist schwieriger, Auslandsverluste bleiben hier ganz unberücksichtigt (Nr. 4) und es gibt keine Gewerbesteuerrückzahlungen aus früheren Jahren (Nr. 5).

Nr. 2: Bis 2001 waren die Steuersätze für Kapitalgesellschaften hoch und das Steueraufkommen wegen der vielen Schlupflöcher trotzdem relativ niedrig. Deshalb hat die Unternehmensteuer-Reformkommission eine deutliche Senkung des Körperschaftsteuersatzes von 40% auf 25% vorgeschlagen, die von der Regierung umgesetzt wurde.

Nr. 3: Es gab aber überhaupt keinen Grund, das auch im internationalen Vergleich relativ bescheidene Steueraufkommen der Kapitalgesellschaften [Jarass/Obermair, EU Steuersystem, 1999] noch weiter zu reduzieren. Es ist auch deshalb schwer nachvollziehbar, warum die Bundesregierung die von der Reformkommission gleichzeitig vorgetragenen Möglichkeiten für eine nachhaltige Gegenfinanzierung der drastischen Steuersatzsenkung weitgehend unbeachtet gelassen hat. Im Wesentlichen wurden nur die Abschreibungssätze verringert, was bestenfalls zu einem Vorziehen von Steuerzahlungen führt, ohne dass nachhaltige zusätzliche Steuereinnahmen erzielt werden. Stattdessen wurde dadurch die Liquidität für Investoren und damit das Investitionsklima verschlechtert, was wiederum tendenziell zu einer Verringerung der Steuereinnahmen führen muss.

Nr. 4: „Je günstiger die Besteuerung nicht ausgeschütteter Gewinne in Kapitalgesellschaften ist, desto größer wird der Anreiz, die Gewinne zu thesaurieren und durch Veräußerung der Beteiligungen zu realisieren. Daraus ergibt sich die konzeptionelle Notwendigkeit, Veräußerungsgewinne stärker zu besteuern." Im Widerspruch zu diesen klaren Empfehlungen der Steuerreformkommission wurden ab 2002 alle Veräußerungsgewinne bei Kapitalgesellschaften von jeglicher Besteuerung freigestellt, Verluste beim Verkauf von Beteiligungen werden entsprechend ab 2002 nicht mehr berücksichtigt. Deshalb wurden in 2001 noch viele verlustträchtige Beteiligungen steuerwirksam veräußert.

Es gibt keine veröffentlichten Zahlen darüber, wie viel Steuern in den letzten Jahren auf Veräußerungsgewinne bezahlt wurden. Zukünftig wird der Staat von den Konzernen jedenfalls überhaupt keine Steuereinnahmen mehr aus Veräußerungsgewinnen bekommen können.

Nr. 5: Wegen der drastischen Senkung der Steuersätze müssen viele Steuerzahler in Zukunft weniger bezahlen als in der Vergangenheit. Aber nur die Kapitalgesellschaften haben darüber hinaus noch für 15 Jahre die Möglichkeit, bei Gewinnausschüttungen einen Teil der früher bezahlten (höheren) Steuern zurückzubekommen, obwohl nun ein völlig neues Steuersystem eingeführt wurde; schon im Jahr 2001 waren das rund 7 Mrd. € Steuerrückerstattungen. Weder dem Facharbeiter noch dem Bäckermeister wurde eine Steuerrückerstattung wegen der früher viel höheren Steuersätze angeboten.

Die Steuerprämie für die Ausschüttung der Rücklagen von Kapitalgesellschaften wurde in einem höchst komplizierten Konvolut von Vorschriften eingehüllt, welche nur echte Steuerspezialisten überhaupt verstehen können (Einzelheiten werden im Abschnitt 4.3 erläutert). Auch deshalb wurde öffentlich meist nur über Kleinigkeiten, die berühmten „peanuts" diskutiert („Sollen Geschäftsessen weiterhin steuerlich absetzbar sein?"), die wirklich dicken Hunde blieben im Gesetzeslabyrinth versteckt. Die für die Politik und die Öffentlichkeit völlig unerwarteten Steuerrückgänge 2001/2002 zeigen, dass die Finanzexperten der Konzerne die in den Reformgesetzen versteckten Schätze sehr wohl entdecken und heben konnten.

## *Bezahlte Steuersätze deutlich niedriger als gesetzliche Steuersätze*

Für alle Einkommensarten mit Ausnahme der Löhne und Gehälter liegen die tatsächlich bezahlten Steuersätze schon seit langem weit unterhalb der Summe der einschlägigen nominalen Steuersätze – mit wachsendem Einkommen wachsen auch die ,Gestaltungsmöglichkeiten', die nominal angedrohte Steuer ganz legal zu verringern; von illegaler Steuervermeidung sei hier nicht die Rede. In der Schweiz mit 30% und in den USA mit knapp 40% ist die tatsächlich bezahlte Belastung deutlich höher und bleibt auch weniger hinter den nominalen Steuersätzen zurück, v.a. wegen der dort erheblich stärkeren Besteuerung von Vermögensbeständen.

Wie Abbildung 2b zeigt, war für Einkommen aus Unternehmertätigkeit und Vermögen die *durchschnittliche* Belastung durch Steuern und Abgaben im Jahr 1985 mit 35% genauso hoch wie bei den Löhnen; im Jahr 2001 betrug sie mit 23% weniger als zwei Drittel der Belastung der Löhne mit 38%.

Eines wird aus den Angaben, die zu den Abbildungen 2a und 2b führen, sehr deutlich: Da wir wissen, dass verschiedene Gruppen, die zu dieser Kategorie gehören, z.B. körperschaftsteuerpflichtige Kapitalgesellschaften oder Empfänger von Zinserträgen wenig Steuern zahlen, muss es andere geben, deren tatsächliche Belastung nahe am nominalen Spitzensteuersatz von rund 50% liegt, weil sonst ein Gesamtwert von knapp 25% tatsächlich bezahlter durchschnittlicher Steuerrate nicht zustande käme. Auf die Hauptursachen dieser extremen Ungleichverteilung innerhalb der Kategorie ,Steuern auf Unternehmertätigkeit und Vermögen in Deutschland' werden wir in späteren Kapiteln genauer eingehen und dabei feststellen, dass vor allem kleinere mittelständische Gewerbebetriebe (etwa der schon genannte Bäckermeister) zusammen mit den typischen Lohnempfängern die einzigen nennenswerten Steuerzahler sind.

Zum Vergleich der Situation der Lohnempfänger, der Unternehmer und der Vermögenseigner (die freilich teilweise *auch* Lohnempfänger sind!) seien noch weitere Zahlen genannt, die sich aus den entsprechenden Abbildungen 1 und 2 ergeben:

- 1980 betrug das Brutto-Lohneinkommen (inkl. Arbeitgeber-Beitrag zur Sozialversicherung) genau das Dreifache des Brutto-Einkommens aus Unternehmertätigkeit und Vermögen, 2001 nur noch das Zweieinhalbfache. Das erklärt sich vor allem durch die wegen hoher Arbeitslosigkeit anhaltend schlechte Verhandlungsposition der Arbeitnehmer in Tarifverhandlungen.

- 1980 betrug das Netto-Lohneinkommen immerhin noch das 2,8-fache des Netto-Einkommens aus Unternehmertätigkeit und Vermögen, 2001 dagegen nur noch das Zweifache. Hier wird die enorme Auseinanderentwicklung der Steuer- und Abgabenbelastung wirksam, die durch Vergleich der Abbildungen 1b und 2b sichtbar wird: Lag die Steuerbelastung der Einkommen aus Unternehmertätigkeit und Vermögen zwischen 1975 und 1985 stets bei oder über 35%, so wurde sie bis 2001 (nach vorübergehender Erhöhung in 1999/2000) auf 23% gesenkt. Im selben Zeitraum aber wurde die Steuer- und Abgabenbelastung der Lohneinkommen von etwa 34% auf 38% angehoben.

- Seit 1980 stieg das nominale Netto-Einkommen aus Unternehmertätigkeit und Vermögen um 280%, das Netto-Lohneinkommen nur um 180%.

- Unter Berücksichtigung des allgemeinen Preisanstiegs von gut 60% seit 1980 sind die realen Einkommen aus Unternehmertätigkeit und Vermögen pro Jahr im Mittel um 4,2% gestiegen, das reale Netto-Lohneinkommen hingegen nur um 2,7%.

„Ihre Bilder sind ja ganz schön, aber die vielen Zahlen verwirren uns", mosern die Studenten in der Wirtschaftsvorlesung, „der Staat soll endlich mal sparen!" „Wollen Sie denn tatsächlich mit 250 € Studiengebühren pro Jahr den großzügigen Steuerrabatt der Konzerne wettmachen oder noch ein weiteres Jahr mit einem veralteten Computernetz arbeiten?", versucht der Professor seine unpolitischen Studenten zu aktivieren, die lieber ‚Krieg der Sterne' am PC statt ‚Krieg den Palästen' auf den Strassen spielen.

# 4 Anforderungen an eine sachgerecht modernisierte Besteuerung

## 4.1 Kriterien für Gerechtigkeit und Leistungsfähigkeit

Die Schere zwischen Arm und Reich in Deutschland öffnet sich immer weiter. Das geht aus dem Armuts- und Reichtumsbericht der deutschen Bundesregierung vom 25.4.2001 deutlich hervor. Dem Bericht zufolge besaßen 1998 das wohlhabendste Zehntel der Haushalte in Westdeutschland 42% des Privatvermögens (durchschnittlich 560.000 €), die ärmere Hälfte dagegen nur 4,5% (durchschnittlich 11.200 €). In Ostdeutschland war die Ungleichverteilung noch stärker: Das wohlhabendste Zehntel besaß sogar 48% des Privatvermögens (durchschnittlich 216.000 €), die ärmere Hälfte wie in Westdeutschland nur 4,5% (durchschnittlich 4.100 €). 1998 haben fast drei Mio. Menschen, darunter 1,1 Mio. Kinder Sozialhilfe bezogen. Sei 1973 hat sich in Westdeutschland die Bezieherzahl vervierfacht, in Ostdeutschland seit 1991 verdoppelt.

Wir nehmen an, dass die zunehmende Öffnung der Schere zwischen Arm und Reich auf die Dauer nicht nur von den Armen als eine Bedrohung empfunden wird. Eine Entwicklung, die der kürzlich verstorbene Soziologe Pierre Bourdieu als „Sao-Paolo-isierung der Städte" beschrieben hat, würde das Leben ja nicht nur für die Bewohner der Elendsviertel, sondern auch für alle anderen Einwohner unbequemer und gefährlicher machen.

Die Auswirkung einer zunehmenden Zahl von Sozialhilfeempfängern und wachsender Elendsviertel auf die Kommunen ist bekannt: Sie müssen die Kosten für Unterkunft und Leben dieser Menschen aufbringen, während ihre Steuereinnahmen tendenziell sinken. Das macht die schon eingangs gestellte Frage so akut: Wie kann der Staat sicherstellen, dass alle hohen Einkommen und Vermögen mindestens so stark zur Finanzierung des Standorts Deutschland herangezogen werden wie bisher schon die kleinen und mittleren Lohnempfänger und deren Arbeitgeber?

Im Folgenden werden wesentliche Kriterien für Gerechtigkeit und Leistungsfähigkeit erläutert.

### *Gerechtigkeit für alle statt Einzelfallgerechtigkeit*

Das derzeitige deutsche Steuersystem ist nur scheinbar gerecht. Es will mit einer Vielzahl von Einzelregelungen Gerechtigkeit für jeden Einzelfall gewährleisten. Denn viele Sonderregelungen scheinen im ersten Moment fair zu sein, da sie jeden Einzelfall berücksichtigen. Durch Sonderregelungen wird das Steuersystem aber undurchschaubar und damit ungerecht, denn Sonderregelungen kennen und nutzen vor allem Steuerspezialisten. Die resultierenden Steuermindereinnahmen müssen die normalen Steuerzahler durch überhöhte Steuersätze tragen. Weniger Sonderregeln zugunsten von niedrigeren Steuersätzen begünstigen also den normalen Steuerzahler. Gerechtigkeit für alle und strikte Einzelfallgerechtigkeit schließen sich aus!

*Aber*: Die z.B. vom ehemaligen Bundesverfassungsrichter Prof. Kirchhoff u.a. im Mai 2001 vorgelegten Vorschläge zur Steuervereinfachung streichen den normalen Arbeitnehmern zahlreiche Vergünstigungen und finanzieren damit nicht etwa eine Senkung der unteren Steuersätze, sondern die des Spitzensteuersatzes auf 35%. Die von Prof. Rose, Heidelberg, im Juni 2001 vorgelegten Vorschläge sehen ebenfalls die Streichung vieler Vergünstigungen vor, stellen zudem die normalen Kapitalerträge ganz steuerfrei und bewirken damit eine Erhöhung der Belastung von Löhnen sowie von Konsumausgaben.

Nur ein von der Bevölkerung als gerecht angesehenes Steuersystem wird auch akzeptiert und lässt sich deshalb ohne eine Fülle weiterer verwaltungsaufwendiger Kontrollmaßnahmen durchsetzen.

### *Besteuerung nach der Leistungsfähigkeit*

Die Leistungsfähigkeit ist durch den Zuwachs an Nettovermögen bestimmt, also durch die Summe an tatsächlich zugeflossenen Einkünften **und** der Wertsteigerung des Vermögens. Es muss sichergestellt werden, dass mit wachsender Leistungsfähigkeit die Steuerlast nicht nur de jure, sondern auch de facto zumindest nicht abnimmt. Orientiert man sich nur an den nominalen Steuersätzen gemäß Steuertabelle, dann scheint diesem Progressionsgebot Rechnung getragen, so wie es das Bundesverfassungsgericht gebietet. Aber für höhere Einkommen (z.B. von Freiberuflern, höheren Beamten, Unternehmern und aus Kapitalerträgen) bestehen derzeit vielfältige Möglichkeiten, die tatsächliche Steuerbelastung niedrig zu halten, trotz oder vielleicht gerade wegen der theoretisch geltenden progressiven Besteuerung. Vielfach bezahlen höhere Einkommen weniger Steuern als mittlere Einkommen. Mehrwertsteuer und andere Verbrauchssteuern belasten Arbeitnehmer und gerade Familien mit kleinen und mittleren Lohneinkommen ohnedies besonders stark, da diese meist den Großteil ihres Einkommens zur Bestreitung ihres Lebensunterhalts verwenden müssen. Diese Vorbelastung muss deshalb bei der Bestimmung einer Besteuerung nach der Leistungsfähigkeit vor allem bei den ‚Kleinen' berücksichtigt werden.

Es kann nicht oft genug betont werden, dass jeder, der in Deutschland Einkommen erzielt, das hohe deutsche Niveau öffentlicher Infrastrukturleistungen nutzt und deshalb an deren Finanzierung angemessen beteiligt werden sollte. Die derzeitige steuerliche Privilegierung von bestimmten Kapitalerträgen steht dazu in eklatantem Widerspruch. Zwar werden inländisches und ausländisches Eigenkapital seit der Unternehmensteuerreform 2000 gleichbehandelt, da alle Erträge im Unternehmen einheitlich besteuert werden. Insbesondere tatsächlich oder auch nur formal ausländisches Fremdkapital wird aber weiterhin privilegiert. Die Ersetzung von Eigenkapital durch Fremdkapital wird auf diese Weise massiv begünstigt und die Widerstandskraft und Investitionsfähigkeit von Unternehmen somit geschwächt. Dem deutschen Fiskus werden so Besteuerungsgrundlagen entzogen. Die bisherigen Versuche, durch hochkomplexe Steuergesetze (wie Außensteuergesetz etc.) den Missständen beizukommen, können nur vorübergehende Notbehelfe sein. Vielmehr sollte und könnte durch eine geeignete Reform des Steuer*systems* die bisher mögliche Verlagerung der Bemessungsgrundlage in Niedrigsteuerländer systematisch verhindert werden, vgl. Kapitel 11 und 12.

## 4.2 Bestands- und Flussgrößen geeignet besteuern

Jede Steuer lässt sich hinsichtlich der Bemessungsgrundlage eindeutig einer der beiden folgenden Kategorien zuordnen:

- Steuer auf eine *Bestands*größe. Beispiele: Gewerbe*kapital*steuer, Grundsteuer, Vermögensteuer, Erbschaftsteuer, KfZ-Steuer etc..

- Steuer auf eine *Fluss*größe. Beispiele: Gewerbe*ertrags*teuer, Lohn- und Einkommensteuer, Körperschaftsteuer, Kapitalertragsteuer, Mehrwertsteuer, alle Arten von speziellen Verbrauchssteuern etc..

Eine Bilanz zeigt einen Vergleich der Bestandsgrößen zu Beginn und am Ende des Jahres, die Gewinn- und Verlustrechnung die Flussgrößen während des Jahres. *Bestands*größen und *Fluss*größen unterscheiden sich grundsätzlich wie folgt:

*Bestands*größen sind allein durch *einen* Zahlenwert vollständig bestimmt, im Allgemeinen als Wertgröße (Buchwert, Einheitswert, Marktwert). Beispiele: Buchwert des Gewerbekapitals, Einheitswert des Grundstücks, Marktwert der Erbschaft. Aber auch: Hubraum- und Schadstoffklasse in $cm^3$ bzw. ppm als technisch-physikalische Basis für die KfZ-Steuer.

*Fluss*größen sind dagegen erst durch einen Zahlenwert *und* dessen Richtung vollständig bestimmt. Neben dem Betrag des Geldflusses pro Zeiteinheit sind Zahler und Empfänger anzugeben. Beispiel: Häufig wird bei Flussgrößen die Richtung nicht explizit angegeben. Diese mangelnde Bestimmtheit der alltagssprachlichen Ausdrücke für Flussgrößen zeigt sich etwa an dem Begriff ‚Zins‘, woraus wiederum die Vieldeutigkeit und politische Unklarheit des Wortes ‚Zinsbesteuerung‘ resultiert. Mit dem Wort ‚Zinsbesteuerung‘ wird z.B. die Steuer auf Zinseinnahmen von Privatpersonen (etwa aus Sparguthaben oder Pfandbriefen) bezeichnet, also die Besteuerung am Zielende eines Zahlungsflusses. ‚Zinsbesteuerung‘ wird aber auch für die Besteuerung von Zinsauszahlungen von Unternehmen an Kreditgeber verwendet (z.B. Quellensteuer oder Gewerbesteuer auf Dauerschuldzinsen), also die Besteuerung am Ausgangspunkt eines Zahlungsflusses.

Die beiden Beispiele der Zinsbesteuerung zeigen die hohe Anfälligkeit der Besteuerung von Flussgrößen für Steuervermeidung und Steuerhinterziehung: Flussgrößen sind zum einen leichter manipulierbar als Bestandsgrößen, zum andern kann die Besteuerung, wenn sie erst am Zielende des Zahlungsflusses erfolgt (wie z.B. bei Schuldzinsen und Lizenzgebühren), häufig legal durch geeignete Verlagerung dieses Zielendes in das Ausland vermieden werden.

Systematische Maßnahmen für ein faires und effizientes Steuersystem können und müssen deshalb auch aus diesem Grund in Deutschland begonnen werden, ohne auf eine internationale Steuerharmonisierung zu warten, aber möglichst in Abstimmung mit kooperierenden Partnerländern:

- Alle erwirtschafteten Kapitalerträge wie ausbezahlte Schuldzinsen, Lizenzgebühren sowie die verbleibenden Gewinne sollten am Ort der Wertschöpfung, also beim Unternehmen zumindest vorbelastet werden, so dass sie beim Empfänger nur noch mit einem mäßigen Steuersatz nachbelastet werden müssen. Seit 2001 werden bereits Gewinne von Körperschaften beim Unternehmen endgültig besteuert und Dividenden nur noch halb beim Empfänger besteuert. Ausbezahlte Schuldzinsen und Lizenzgebühren werden, historisch bedingt, derzeit noch nicht beim Unternehmen belastet, was insbesondere bei formal ausländischen Empfängern Besteuerungslücken öffnet.

- Vermögen als inländische Bestandsgröße sollte dergestalt vom Fiskus steuerlich erfasst werden, dass auf die *erzielbaren* Vermögenserträge eine Steuer, also eine *Sollertragsteuer* erhoben wird, ähnlich wie derzeit bei Grundvermögen durch eine Grundsteuer.

### 4.3 Das heutige Steuersystem ist unfair, kompliziert und wenig sachgerecht

Die Bestandsaufnahme in den ersten drei Kapiteln hat deutlich gemacht, dass das System von Steuern und Abgaben in Deutschland heute – eben weil Gesellschaft und Wirtschaft sich in den letzten Jahrzehnten radikal verändert haben – nur als unfair, kompliziert und wenig sachgerecht, kurzum als veraltet bezeichnet werden kann. Hierfür lassen sich zahlreiche Beispiele finden, die leider nicht seltene Sonderfälle, sondern typische Situationen darstellen.

### *Unfair*

Bei einem ledigen Facharbeiter gehen von 40.000 € Brutto-Lohn pro Jahr unabdingbar über 17.000 € an staatliche Kassen (zusätzlich muss sein Arbeitgeber 8.000 € Arbeitgeberbeitrag zur Sozialversicherung bezahlen).

Von 40.000 € Veräußerungsgewinn beim Verkauf eines Baugrundstücks gehen bei üblicher steuerlicher Gestaltung hingegen 0 € an den Fiskus.

Unfair, ja gerade skandalös, ist insbesondere die schon im Einleitungskapitel skizzierte Verteilung der Lasten zur Finanzierung des Sozialstaats. Man kann die Geduld der Hauptbetroffenen, nämlich der dauerhaft Beschäftigten der unteren und mittleren Einkommensklassen, nur bewundern dafür, dass sie sich ihre Ausplünderung weiterhin gefallen lassen. Die detaillierte Begründung für diese aufrührerischen Behauptungen und eine Skizze von möglichen grundlegenden Änderungen finden sich in den Kapiteln 5 und 6.

*Ineffizient* heißt in der Technik ein Vorgang, der in der Praxis wesentlich weniger erbringt als theoretisch möglich wäre. Höchst effizient ist in diesem Sinn die Besteuerung und Abgabenbelastung von unselbständig Tätigen, siehe Abbildung 1: Mit 38% der gesamten Brutto-Lohnkosten bleibt hier der Ertrag nur wenig hinter den entsprechend gemittelten nominellen Sätzen von Lohnsteuer und Sozialabgaben zurück.

Ineffizient ist hingegen im Gesamtergebnis die Besteuerung aller übrigen Einkünfte, die unter der Bezeichnung „Einkommen aus Unternehmertätigkeit und Vermögen" zusammengefasst werden (neuerdings in der Statistik „Betriebsüberschuss / Selbständigeneinkommen" genannt). Die tatsächliche Steuerbelastung erreicht hier mit 23%, siehe Abbildung 2, weniger als die Hälfte dessen, was sich ohne Vergünstigungen bei Anwendung der gesetzlichen Steuersätze ergeben würde (für die Erträge von Kapitalgesellschaften z.B. beträgt der gesetzliche Steuersatz insgesamt über 50%, nämlich Körperschaftsteuersatz von 40% bis 2001 plus Gewerbesteuerbelastung von gut 10%.)

Eine besondere Rolle spielt dabei die Besteuerung von Immobilienvermögen: Es macht lt. Bundesbankstatistik mit rund 3.500 Mrd. € mehr als die Hälfte der gesamten privaten Vermögenswerte in Deutschland aus. Bei einer durchschnittlichen Verzinsung von nur 4% pro Jahr würden daraus Erträge und Wertsteigerungen von rund 140 Mrd. € resultieren, stattdessen werden aus diesem Immobilienvermögen in allen seit 1977 untersuchten Jahren meist ganz legal Verluste als zu versteuerndes Einkommen angegeben, die steuermindernd mit anderen Einkommensarten verrechnet werden können. So standen z.B. im Jahr 1995 positiven Einkünften von 16 Mrd. € Verluste von insgesamt 34 Mrd. € gegenüber; in der Summe wurden also von allen Immobilienbesitzern rund 18 Mrd.

€ als Verluste geltend gemacht statt der eigentlich zu erwartenden rund 140 Mrd. € Erträge, vgl. [Bach, Einkommensteuerstatistik, 2000].

Dies führt zu der fast naiven Frage, warum die armen Eigentümer dieser Verlustobjekte ihre 3.500 Mrd. € schweren Immobilien nicht gegen Staatsanleihen mit einer bescheidenen, aber sicheren und jährlichen ausgezahlten Rendite eintauschen; noch naiver gefragt: Warum sind diese Immobilien eigentlich am Markt 3.500 Mrd. € wert, wenn sie im Durchschnitt nur Verluste erbringen? Zudem: Das Nettoeinkommen aus der Eigennutzung von Immobilien wurde 1993 für Westdeutschland mit rund 24 Mrd. € geschätzt, heute dürfte es für Gesamtdeutschland deutlich höher liegen. Dieses Einkommen bleibt bei der Einkommensteuer gänzlich unberücksichtigt, vielmehr erhalten die Eigennutzer jedes Jahr ca. 10 Mrd. € sogenannte „Eigenheimzulage".

Auch die Wende 1989/90 hat weitere Verzerrungen im System der Steuern und Abgaben hervorgebracht: Die (west)deutsche Bundesregierung hat einen Teil der ostdeutschen Landschaften kosten- und auflagefrei („Restitution") an meist Westdeutsche (zurück)gegeben und gleichzeitig die Angleichung der (Konsum-)Lebensverhältnisse in der früheren DDR wesentlich über Beitragszuschläge bei der gesetzlichen Sozialversicherung finanziert. Im ersten Schritt tat man so, als hätte es die DDR nie gegeben, im zweiten Schritt sicherte man der früheren DDR blühende Landschaften zu. Diese Zusagen erhöhten schlagartig den Marktwert der restituierten Immobilien, ebenso aber auch die Lebenshaltungskosten, weshalb Investitionen vielfach nur durch enorme Subventionen rentabel wurden.

Die Wohlhabenden in Westdeutschland profitierten doppelt. Zum einen durch die weitgehend konditionslose Rückgabe von Besitz ihrer Vorfahren, zum anderen über Steuervergünstigungen bei Investitionen. Die kleinen Lohnempfänger, v.a. in Ostdeutschland, zahlen doppelt. Zum einen durch überhöhte Sozialversicherungsbeiträge, zum anderen durch Miet- und Gewinntransfers von Ostdeutschland an Westdeutsche. Zudem wurden durch diese falsche Investitionslenkung heute leerstehende Wohnungen, Büroblocks und Einkaufszentren in den neuen Bundesländern geschaffen: Kapitalvernichtung durch Steuergeschenke.

## Kompliziert und undurchsichtig

Gänzlich durchsichtig ist einzig die Steuer- und Abgabensituation der Arbeitnehmer (wenn auch die einigermaßen gesetzeskonforme Erledigung der persönlichen Einkommensteuererklärung die Kenntnis einer derartigen Vielzahl von Einzelfallregelungen voraussetzt, dass hierfür immer mehr geschultes Fachpersonal erforderlich ist). Was alles man in Bezug auf alle anderen Einkommensarten an höchst steuerrelevanten Tatsachen nicht weiß, ist schon im Kapitel 2 ausführlich dargestellt.

Kompliziert ist allein schon die Vielzahl der Steuern, vor allem aber sind es die immer weiteren Novellierungen, Ergänzungen und Ausführungsbestimmungen. Die deutschen ‚Im-Nachhinein'-Einzelfallregelungen fordern geschickte Umgehungsstrategien geradezu heraus. Nicht die Staatseinnahmen wachsen dadurch, sondern die Zahl der Steuerberater.

Der Versuch, dem weltweiten Operieren der Konzerne und der Internationalisierung der Kapitalmärkte steuertechnisch durch immer neue Detailregelungen unter Beibehaltung der veralteten Grundstruktur entgegenzuwirken, macht das System immer komplizierter, aber nicht effizienter. Ein Beispiel: Ein immer größerer Teil der in Deutschland erwirtschafteten Gewinne wird als Schuldzinsen ins Ausland transferiert, vielfach nachdem zuerst das deutsche Eigenkapital durch ausländisches Fremdkapital ersetzt wurde. Das Körperschaftsteuergesetz hat seit 2001 die Beschränkung des Fremdkapitalanteils auf 60% abgesenkt, insoweit die Kreditgeber wesentlich an der Schuldner-Firma beteiligt sind. Früher mag es noch möglich gewesen sein, Kapitalflüsse nachzuvollziehen, beim heute voll globalisierten Kapitalmarkt kommt das Kapital anonym von internationalen Finanzplätzen. Es dürfte deshalb den nationalen Finanzbehörden selbst mit großem Verwaltungsaufwand kaum möglich sein, das Kapital bis zum eigentlichen Kreditgeber zurückzuverfolgen und dessen Beziehung zum Kreditnehmer festzustellen. Deshalb würde nur eine generelle Beschränkung des Fremdkapitalanteils sinnvoll sein, indem, wie z.B. in den USA in bestimmten Fällen, ein überschiessendes Fremdkapital generell wie Eigenkapital behandelt würde. Entsprechende Verbesserungsvorschläge werden in Kapitel 11 erläutert.

## *Wenig sachgerecht*

Das seit 2001 geltende neue System der Unternehmensbesteuerung, nämlich eine strikte Trennung zwischen Unternehmenssphäre (Wertschöpfung) und Privatsphäre (Dividendenbezug), ist zukunftsorientiert. Die starke Senkung des Körperschaftsteuersatzes von 56% in 1980 auf 25% ab 2001 ist richtig (50% in 1990, 45% ab 1994, über 40% ab 1999). Dies alles entspricht den Vorschlägen, die die Kommission zur Reform der Unternehmensbesteuerung erarbeitet und veröffentlicht hat, vgl. [BMF, Brühler Empfehlungen, 1999].

Die Kommissionsvorschläge sahen aber nicht nur eine drastische Steuersatzsenkung, sondern auch eine Verbreiterung der Bemessungsgrundlage vor. Es ist unverständlich, warum die Bundesregierung die gleichzeitig vorgetragenen Möglichkeiten für eine nachhaltige Gegenfinanzierung dieser drastischen Steuersatzsenkung weitgehend unbeachtet gelassen hat. Im Wesentlichen wurden nur die Abschreibungssätze verringert, was nur in der Theorie zu einem Vorziehen von Steuerzahlungen führt, in der Praxis aber die Liquidität für Investoren und damit das Investitionsklima verschlechtert hat, ohne dass nachhaltige zusätzliche Steuereinnahmen erzielt werden. Kasten 5 zeigt einen Vorschlag zur Erhöhung der Liquidität von Investoren bei gleichzeitiger Verringerung von dauerhaft unbesteuertem Vermögen.

*Kasten 5   Dauerhaft unbesteuertes Vermögen verringern und dadurch die Liquidität von Investoren erhöhen*

Die Kommission zur Reform der Unternehmensbesteuerung machte detaillierte Vorschläge, die die Unternehmensbesteuerung verbessern und vereinfachen und gleichzeitig die Steuersatzsenkung haushaltsverträglich gestalten [BMF, Brühler Empfehlungen, 1999, Kap. V]. Kernpunkt ist die Verringerung von nachhaltig unbesteuertem Vermögen (sogenannten „stillen Reserven"), durch die im internationalen Vergleich die Besteuerung in Deutschland so kompliziert und ineffizient wird. Unbesteuertes Vermögen entsteht zum einen durch überhöhte Abschreibungen (Sonderabschreibungen oder über dem Werteverzehr angesetzte Normalabschreibungen), zum anderen durch unbesteuerte Wertzuwächse:

• Bei kurzlebigen Wirtschaftsgütern wie Personal Computer führen überhöhte Abschreibungen nicht zu wesentlichen Steuerausfällen, weil sie nur ein Vorziehen von wenigen Jahren bedeuten. Nachhaltige stille Reserven können nicht entstehen.

• Bei langlebigen Wirtschaftsgütern können überhöhte Abschreibungen erhebliche Steuerausfälle bedeuten, insbesondere bei Immobilien, wo die Kosten für die laufende Erhaltung der Immobilie sofort steuerlich geltend gemacht werden können und trotz des dadurch möglichen Werterhalts weiter abgeschrieben werden kann. Dies führt zu nachhaltigen stillen Reserven, die die deutsche Wirtschaft so unbeweglich machen, da Wertzuwächse dauerhaft unbesteuert bleiben, solange das Objekt nicht verkauft wird.

Die von den Brühler Empfehlungen vorgeschlagenen Reduzierungen von Sonderabschreibungen und die vom Bundesfinanzministerium vorgenommenen Anpassungen der Normalabschreibungen an den tatsächlichen Werteverzehr sind im Prinzip richtig, bedürfen aber einer intelligenten schrittweisen Einführung, vgl. [Jarass, Abschreibungstabellen, 2001]. Für kleine Investoren wurden die Abschreibungen ab 2001 dreifach verringert:

• Abschaffung der Sonderabschreibung für kleine Unternehmen;

• Verringerung der degressiven Abschreibung von 30 % auf 20 %;

• Verlängerung der kalkulatorischen Lebensdauer und damit Verringerung der Abschreibungssätze.

Gerade bei kleinen Investoren ergibt sich damit eine dramatische Belastung der Liquidität, also eine massive Behinderung von neuen Investitionen.

Zukünftig sollten Abschreibungen dann untersagt werden, wenn deren Marktwert weit über dem Buchwert liegt. Wenn zukünftig Abschreibungen, also Absetzungen für Abnutzungen, nur noch dann zugelassen werden, wenn tatsächlich ein Wertverlust eingetreten ist, würden dadurch erhebliche Steuergelder (mehr als 10 Mrd. € pro Jahr) eingespart. Diese Gelder könnte man für die *vorübergehende* Begünstigung der Liquidität von Neuinvestoren verwenden.

## Ausschüttungsprämie konterkariert die gewünschte Verbesserung der Eigenkapitalausstattung

Bis 2000 wurden im Unternehmen einbehaltene Gewinne stärker besteuert als ausgeschüttete Gewinne, eine wesentliche Ursache für die niedrige Eigenkapitalausstattung deutscher Unternehmen. Die Unternehmensteuerreform belastet nun beide Gewinnarten mit je 25% Körperschaftsteuer gleich stark, eine Privatperson muss die ausgeschütteten Gewinne als Dividenden nochmals zur Hälfte der Einkommensteuer unterwerfen. Damit soll die Gewinneinbehaltung und damit die Eigenkapitalausstattung der Unternehmen begünstigt werden, eine der Hauptziele der Unternehmensteuerreform.

Wegen der drastischen Senkung der Steuersätze haben alle Steuerzahler früher höhere Steuersätze bezahlt als sie zukünftig bezahlen müssen. Im Gegensatz zum Arbeiter und zum Bäckermeister haben aber die Konzerne auch weiterhin die Möglichkeit, bei Gewinnausschüttungen einen Teil der früher bezahlten (höheren) Steuern zurückzubekommen. Schüttet das Unternehmen früher versteuerte alte Gewinne aus und reduziert so sein Eigenkapital, so legt der Finanzminister für je 6 € Ausschüttung in den nächsten 15 Jahren noch 1 € Ausschüttungsprämie darauf. Damit wird die Verringerung von Eigenkapital, das doch die Grundlage des Überlebens von Unternehmen bildet, durch eine Steuerprämie begünstigt.

Es entsteht ein paradoxer Effekt: Die Bildung ,neuen' Eigenkapitals wird grundsätzlich durch die Unternehmensteuerreform begünstigt, gleichzeitig wird aber durch die Ausschüttungsprämie ein hoher Anreiz geschaffen, ,altes' Eigenkapital auszuschütten. Nach Angaben des Bundesfinanzministeriums wurden allein im Jahr 2001 gut 7 Mrd. € alte Körperschaftsteuer zurückgezahlt, hierfür war eine Ausschüttung von versteuerten Rücklagen in sechsfacher Höhe erforderlich, also von rund 40 Mrd. €. Insgesamt werden die weiteren potentiellen Steuerrückerstattungen auf mehr als 30 Mrd. € geschätzt; um diesen Steuerbonus zu erhalten, müssen die Unternehmen mehr als 180 Mrd. € Eigenkapital in den nächsten Jahren ausschütten.

### *Die totale Steuerfreiheit der Veräußerungsgewinne bei Kapitalgesellschaften ist nicht sachgerecht*

„Je günstiger die Besteuerung nicht ausgeschütteter Gewinne in Kapitalgesellschaften ist, desto größer wird der Anreiz, die Gewinne zu thesaurieren und durch Veräußerung der Beteiligungen zu realisieren. Daraus ergibt sich die konzeptionelle Notwendigkeit, Veräußerungsgewinne stärker zu besteuern." Im Widerspruch zu diesen klaren Empfehlungen der Kommission zur Unternehmensbesteuerung setzte der zuständige Finanz-Staatssekretär ein unerwartetes Weihnachtsgeschenk an die Konzerne durch. Als früherer Steuerabteilungsleiter der Bayer AG in Leverkusen hatte er eine Abwanderung der avisierten Bayer Holding in die Niederlande befürchtet, da dort eine Steuerfreiheit für Veräußerungsgewinne gilt, allerdings nur unter sehr eingeschränkten Bedingungen. Nun wurden auch in Deutschland alle Veräußerungsgewinne von Kapitalgesellschaften beim Verkauf von Beteiligungen völlig steuerfrei gestellt. Die in Deutschland nun zulässige Kombination aus

- steuerfreien Wertzuwächsen und Dividendenzuflüssen ohne Mindestbeteiligungsgrenze

- bei gleichzeitiger fast voller Absetzbarkeit aller Kosten der Beteiligung

ist in keinem anderen Industrieland der Welt möglich und macht Deutschland selbst zu einer großen Steueroase. Auch alle anderen Firmen müssen nun versuchen, steuerpflichtige Gewinne in steuerfreie Wertsteigerungen zu transferieren, da sie sonst nicht mehr konkurrenzfähig sind.

Es war einer der größten strategischen Fehler der Bundesregierung, in diesem Fall seinem Rat zu folgen. Eine konstruktive Weiterentwicklung der eigentlich vorzüglichen Unternehmensteuerreform 1999/2000 wurde schon deshalb unmöglich, weil die Personenunternehmen nun die gleichen Geschenke wie die Kapitalgesellschaften bekommen wollten. So wurde das bei Regierungsantritt verfolgte Ziel, *alle* Kapitaleinkommen angemessen zu besteuern, erneut nicht erreicht. Unter dem massiven

Druck der unterschiedlichen Verbände wurden die sachgerechten Steuerreformen von 1999/2000 teilweise rückgängig gemacht und stattdessen eine Vielzahl von Ad-hoc-Vergünstigungen für Personenunternehmen wieder eingeführt. Einige Beispiele für diesen neuen Steuerrechts-Wirrwarr:

- Die teilweise Wiedereinführung der Möglichkeit für Privatpersonen und Personengesellschaften, den Veräußerungsgewinn beim Verkauf von Anteilen an Personengesellschaften steuerfrei zu parken („Mitunternehmererlass"), die zu Recht zu Beginn der Regierung Schröder abgeschafft worden war. Demnächst wird es wohl Fachanwälte für Mitunternehmererlass geben!

- Die systemwidrige und äußerst komplizierte Teil-Wiedereinführung der halben Durchschnittsbesteuerung von Veräußerungsgewinnen bei Betriebsaufgabe. Seitdem kann kein Bäckermeister mehr sein Geschäft aus Altersgründen aufgeben, ohne vorher eine intensive Beratung eines Spezialanwalts für Betriebsaufgaben genossen und bezahlt zu haben.

- Die Möglichkeit von Personenunternehmen, durch den Verkauf von Aktien realisierte Kursgewinne steuerfrei zu parken, wurde nachträglich mit dem Argument durchgesetzt, dass der kleine Bäckermeister dadurch entlastet werden solle. Begünstigt werden aber im Wesentlichen nur die wohlhabenden Anteilseigner von großen Personenunternehmen, die dadurch ihr neues Luxusauto aus nun steuerfreien Kursgewinnen finanzieren können.

Statt das Steuersystem durch eine gleiche und mäßige Besteuerung aller Wertsteigerungen zu vereinfachen, werden so – wie auch schon von der Regierung Kohl – dem bestehenden Flickwerk immer neue Sonderregelungen hinzugefügt. Mit jedem Versuch, in einer verfahrenen Situation Einzelfallgerechtigkeit herzustellen, werden neue, noch größere Ungerechtigkeiten geschaffen.

Die internationalen Kapitalgeber werden durch die völlige Steuerfreiheit der Veräußerungsgewinne nicht etwa ermutigt, langfristig in Deutschland zu investieren, vielmehr werden sie verunsichert, da sie mit einer schnellen Änderung rechnen müssen, wie das Handelsblatt am 22. März 2002 zu Recht schreibt: „Doch das Vertrauen der Investoren ist schnell verspielt. Das gilt etwa auch für die seit 2002 bestehende Steuerfreiheit beim Verkauf von Unternehmensbeteiligungen bei Kapitalgesellschaften. Mit der Steuerfreiheit ist Deutschland deutlich weiter gegangen als dies zu erwarten war. Nun droht das Fenster aber schon bald wieder geschlossen zu werden – gleichgültig welche Parteien nach der bevorstehenden Bundestagswahl auf den Regierungsbänken sitzen. Es ist mit einer Steuer auf Beteiligungsverkäufe zu rechnen, auch wenn sie sicherlich nicht höher als maximal 25% sein dürfte."

Kuriosität: Kosten für Beteiligungen im *Ausland* (z.B. Finanzierungskosten wie Schuldzinsen) sind immer dann voll absetzbar, wenn der deutsche Eigentümer der Beteiligung daraus keine Dividende enthält. Erhält er hingegen Dividende, werden die geltend gemachten Kosten um 5% der Dividende gekürzt. Absurdität: Kosten für Beteiligungen im *Inland* sind eigentlich (§3c EStG) nicht absetzbar. Aber gemäss ständiger Rechtsprechung des Bundesfinanzhofs sind sie, wenn der Eigentümer der Beteiligung keine Dividende enthält, doch voll absetzbar. Erhält er hingegen Dividende, ist nur der die Dividende übersteigende Kostenanteil absetzbar. Dies alles ist nicht nur ein Wirrwarr ohnegleichen, sondern auch ein Anreiz, Dividendenzahlungen im Ausland verwalten zu lassen, wodurch Arbeitsplätze bei deutschen Banken gefährdet werden. Das Grundprinzip des deutschen Steuerrechts muss auch hier durchgesetzt werden: keinerlei Kostenabzug bei Steuerfreiheit der Erträge.

### *Faire und vernünftige Besteuerung von realisierten Wertsteigerungen*

Die CDU/CSU fordert auch im Wahlprogramm 2002 wieder die Erleichterung von Umstrukturierungen bei Personengesellschaften. Kombiniert man diese Ideen mit der Steuerreform 2000 der rot-grünen Bundesregierung, so könnte man in Zukunft *rechtsformunabhängig* für alle Veräußerungserträge oberhalb der ursprünglichen Anschaffungskosten eine etwa hälftige Besteuerung vorsehen. Wie könnte dann eine faire und vernünftige Besteuerung von realisierten Wertsteigerungen aussehen?

(1) Verkauf von Anteilen an Kapitalgesellschaften durch Kapitalgesellschaften: Eine hälftige Besteuerung statt der derzeitigen totalen Steuerfreiheit erscheint angemessen: Nur ein Teil der Veräußerungs-

erträge resultiert aus steuerfreien Dividenden; die stillen Reserven der verkauften Anteile werden, wenn überhaupt, erst später besteuert, der Veräußerungserlös wird aber sofort realisiert.

(2) Verkauf von Anteilen an Kapitalgesellschaften durch Personengesellschaften und natürliche Personen: hälftige Besteuerung wie derzeit.

(3) Verkauf von Anteilen an Personengesellschaften: hälftige Besteuerung und hälftige Investitionsrücklage.

Das in Kasten 6 vorgelegte Kombimodell einer gleichmäßigen Besteuerung aller Wertsteigerungen ermöglicht allen Unternehmen ohne übermäßige Belastungen die dringend erforderlichen Umstrukturierungen. Aktivitäten zur Steuervermeidung würden wegen der niedrigeren Sätze weniger interessant und wegen der gleichmäßigen Sätze schwieriger.

---

### Kasten 6 Kombimodell zur Besteuerung von realisierten Veräußerungsgewinnen

Die Tabelle zeigt die resultierenden Steuersätze für Kapitalgesellschaften einerseits sowie für Privatpersonen und Personengesellschaften andererseits.

| Verkauf von Anteilen an | Verkauf durch | Rechtslage 2000 | Rechtslage 2002/ 2005 | Kombi-Vorschlag 2005 |
|---|---|---|---|---|
| (1) *Kapital-*gesellschaft | (1.1) Kapital-gesellschaft | [1] 52% | [7] 0% | [12] 19% |
| | (1.2) Personen-gesellschaft | [2] max. 54% | [8] max. 23% | [13] max. 23% |
| | (1.3) Privat-person | [3] 0% | [3] 0% | [14] max. 22% |
| (2) *Personen-*gesellschaft | (2.1) Kapital-gesellschaft | [4] 42% | [9] 38% | [15] 19% |
| | (2.2) Personen-gesellschaft | [5] max. 45% | [10] max 47% | [15] max. 24% |
| | (2.3) Privatperson | [6] max. 54% | [11] max. 44% | [15] max. 22% |

[1] 16,3% GewSt (Gewerbesteuer), beim durchschnittlichen deutschen Hebesatz von 390%, auf den Rest von 0,837 KSt (Körperschaftsteuer) von 40%, auf KSt 5,5% Soli (Solidaritätszuschlag)
$\Rightarrow$ Steuerbelastung 51,6% (= 16,3% + 0,837 * 40% * 1,055).

[2] 16,3% GewSt, auf den Rest von 0,837 max. 43% ESt (Einkommensteuer) wegen Tarifbegrenzung für gewerbliche Einkommen zzgl. 5,5% Soli
$\Rightarrow$ Steuerbelastung max. 54,3% (= 16,3% + 0,837 * max. 40% * 1,055).

[3] Private Veräußerungsgewinne bei Aktien waren früher (Beteiligung < 10%) und sind ab 2002 (Beteiligung < 1%) steuerfrei, wenn die Aktien mindestens 1 Jahr gehalten werden.

[4] 0% GewSt (A 40, Abs. 3 GewStR), KSt von 40% zzgl. 5,5% Soli
$\Rightarrow$ Steuerbelastung 42,2% (= 0% + 1,0 * 40% * 1,055).

[5] 0% GewSt (A 38, Abs. 3 GewStR), max. 43% ESt (Tarifbegrenzung für gewerbliche Einkommen!) zzgl. 5,5% Soli
$\Rightarrow$ Steuerbelastung 45,4% (= 0% + 1,0 * 43% * 1,055) .

[6] 0% GewSt, max. 51% ESt zzgl. 5,5% Soli
$\Rightarrow$ Steuerbelastung 53,8% (= 0% + 1,0 * 51% * 1,055) .

[7] 0% GewSt, 0% KSt
$\Rightarrow$ Steuerbelastung 0% (= 0% + 1,0 * 0% * 1,055).

[8] Hälftige Versteuerung der Erträge mit 16,3% GewSt, auf den Rest von 0,837 max. 42% ESt (ab 2005) abzüglich 180% / 390% der bezahlten GewSt (GewSt-Anrechnung), auf die verbleibende ESt 5,5% Soli
$\Rightarrow$ Steuerbelastung maximal 22,7% (= 16,3% + ( 0,837 * maximal 42% minus 180% / 390% * 16,3%) * 1,055 = 45,45%; wegen nur hälftiger Versteuerung resultiert etwa hälftiger Steuersatz von 22,7%. Achtung: Veräußerungsgewinne von rein vermögensverwaltenden Gesellschaften sind derzeit und zukünftig steuerfrei, wenn die Aktien mindestens 1 Jahr gehalten werden und der Anteil < 1% ist.

[9] 16,3% GewSt (§7(2)neu GewStG), KSt von 25% zzgl. 5,5% Soli
$\Rightarrow$ Steuerbelastung 38,4% (= 16,3% + 0,837 * 25% * 1,055) .

[10] 16,3% GewSt (§7(2)neu GewStG), auf den Rest von 0,837 max. 42% ESt (ab 2005) abzüglich 180% / 390% der bezahlten GewSt (GewSt-Anrechnung), auf die verbleibende ESt 5,5% Soli
$\Rightarrow$ Steuerbelastung 47,49% (= 16,3% + (0,873 * max. 42% – 180/390*16,3%)* 1,055).
Achtung: Veräußerungsgewinne von rein vermögensverwaltenden Gesellschaften sind gewerbesteuerfrei und werden wie bei Privatpersonen behandelt.

[11] 0% GewSt (§7(2)neu GewStG), max. 42% ESt (ab 2005) zzgl. 5,5% Soli
$\Rightarrow$ Steuerbelastung 44,31% (= 0% + 1 * max. 42% * 1,055).

[12] Hälftige Versteuerung der Erträge mit 16,3% GewSt, auf den Rest von 0,837 KSt von 25% (ab 2005) zzgl. 5,5% Soli
$\Rightarrow$ Steuerbelastung 19,1% (= 16,3% + 0,837 * 25% * 1,055 = 38,3%); wegen

nur hälftiger Versteuerung resultiert hälftiger Steuersatz von 19,1%. Wenn Veräußerungsgewinne, wie vorgeschlagen, mäßig besteuert werden, muss unbedingt darauf gedrungen werden, dass diese Veräußerungsgewinne wie auch -verluste nicht mit anderen Einkommen verrechnet werden dürfen. Genauso ist es derzeit schon bei privaten Spekulationsgeschäften bei Aktien etc. vorgesehen. Sonst führt jede Neuregelung zu weiterer enormen Begünstigungen der Konzerne, da dann von den neuen hohen Buchwerten abgeschrieben werden kann, und diese Buchverluste mit normalem Einkommen verrechnet werden können.

[13] Wie Rechtslage ab 2001, vgl. Fußnote 8 oben.

[14] Hälftige Besteuerung aller Veräußerungsgewinne mit max. 42% ESt zzgl. Soli.

[15] Der Kombivorschlag besteuert prinzipiell den Veräußerungsgewinn von Anteilen an einer Kapitalgesellschaft und an einer Personengesellschaft jeweils nur zur Hälfte. Wenn das in der Gesetzesbegründung mehrfach vorgebrachte Argument der späteren Versteuerung von stillen Reserven und zukünftigen Gewinnen („Steuerverstrickung") bei Anteilen an Kapitalgesellschaften zutrifft, so gibt es auch bei Personengesellschaften. Dann wäre es auch nach der Logik der Gesetzesbegründung sinnvoll, alle Umstrukturierungen bei Personengesellschaften ähnlich wie bei Kapitalgesellschaften zu behandeln, indem zur Minimierung von Steuergestaltungen die Idee einer hälftigen Investitionsrücklage genutzt wird. Beim Verkauf von Personengesellschaften ist deshalb die Einstellung der unbesteuerten Hälfte des Ertrags in eine Investitionsrücklage erforderlich („Steuerverhaftung").

## 4.4 Die heutige Finanzierung des Sozialstaats ist unfair und wenig sachgerecht

Die Finanzierung des Sozialstaats erfolgt überwiegend durch Arbeitnehmer und deren Arbeitgeber, obwohl der Sozialstaat eine gesamtgesellschaftliche Aufgabe darstellt. Abgaben für die gesetzliche Sozialversicherung haben insoweit Steuer- und nicht Versicherungs-Charakter, als ihnen keine zusätzlichen individuellen Leistungen gegenüberstehen. Da diese Frage für die weitere Argumentation von erheblicher Bedeutung ist, soll sie im Folgenden für die verschiedenen Arten der Sozialabgaben und für typische Berufsbiografien genauer untersucht werden.

Generell gilt: Wenn ein Arbeitnehmer dauerhaft, d.h. für die gesamte Dauer eines typischen Erwerbslebens, Pflichtabgaben an eine öffentliche Kasse zahlt, auf deren Leistungen nicht nur der Einzahlende, sondern alle legal dauerhaft in Deutschland Lebende den gleichen (Mindest-)Anspruch haben, so handelt es sich bei diesen Leistungen um öffentliche Infrastrukturausgaben (vergleichbar denen für Verkehr, für Schulen, für öffentliche Sicherheit), die aus dem allgemeinen Steueraufkommen zu finanzieren sind; die entsprechenden Abgaben haben damit den Charakter einer Steuer.

Dies gilt offenbar in vollem Umfang für die Pflichtbeiträge zur gesetzlichen Krankenversicherung (ca. 13,5% des Brutto-Lohns in 2002) und zur Pflegeversicherung (1,7% des Brutto-Lohns in 2002): Jeder legal dauerhaft in Deutschland Lebende hat (abgesehen vom Krankengeld) denselben Anspruch auf die Leistungen der gesetzlichen Kranken- und Pflegeversicherung, unabhängig davon, ob und wie viel Beiträge er bezahlt hat.

Bei der Arbeitslosenversicherung (6,5% des Brutto-Lohns in 2002) ist zu differenzieren:

- Bei Arbeitsverhältnissen und Branchen mit De-facto-Unkündbarkeit wird der Beitragszahler nur ausnahmsweise in die Verlegenheit kommen, Leistungen der Arbeitslosenversicherung in Anspruch zu nehmen. Damit haben die Arbeitslosenversicherungsbeiträge von Arbeitern und Angestellten des öffentlichen Dienstes (Bund, Länder und Gemeinden), aber auch die der Arbeitnehmer in traditionellen Großbetrieben wie Energieversorgungsunternehmen, Chemiebranche etc. reinen Steuercharakter.

- Diese Beiträge stellen also eine Art von Quersubventionierung dar für die Arbeitsverhältnisse in Branchen mit hohem Arbeitsplatzrisiko, etwa den typischen ‚Hire-and-fire'-Betrieben mit geringer sozialer Absicherung wie z.B. Gaststätten oder Bauunternehmen. Die neuerdings immer häufiger – insbesondere von beamteten Professoren – geforderten Verringerungen beim Kündigungsschutz würde die Zahl derartiger ‚Hire-and-fire'-Betriebe deutlich erhöhen.

Auch bei der Rentenversicherung (19,1% des Brutto-Lohns in 2002) ist zu differenzieren:

- Für mittlere Arbeitnehmer, etwa Facharbeiter und mittlere Angestellte, die über Jahrzehnte Beiträge leisten, haben diese Beiträge trotz gutem Rentenanspruch einen erheblichen Steueranteil, da sie auch zur Absicherung von Niedrigrenten verwendet werden. Dies gilt allerdings nicht in den Fällen, in denen für den Ehepartner, der nichts oder wenig eingezahlt hat, ein Anspruch auf Hinterbliebenenrente erworben wird.

- Für Arbeitnehmer mit niedrigen Löhnen (z.B. halbtags beschäftigte Ehefrauen) haben die Beiträge bei den dann meist höheren sonstigen Alterseinkünften (gute Rente des Ehemanns, ggf. Vermögen etc.) niedrigen Steuercharakter, da kleine Renten vielfach aufgestockt werden. Sind die sonstigen Alterseinkünfte gering (z.B. halbtags beschäftigte Alleinerziehende), haben die Beiträge hohen Steuercharakter, da alternativ Sozialhilfe bzw. Mindestrente bezahlt würde; dies gilt auch für vorübergehend Beschäftigte (z.B. Pendler zwischen Sozialhilfe und einfacher Beschäftigung).

Obwohl also beim typischen Arbeitnehmer im Mittel mindestens die Hälfte der Sozialabgaben als Steuer anzusehen ist, erfolgt ihre Erhebung ohne Berücksichtigung der bei der Steuererhebung üblichen Prinzipien:

- Unabdingbare Aufwendungen für die Einkommenserzielung (lohnbezogene Werbungskosten) bleiben bei der Abgabenerhebung unberücksichtigt.

- Es gibt keinen Grundfreibetrag wie bei der Steuer.

- Auf bezahlte Sozialabgaben müssen häufig auch noch Steuern bezahlt werden.

Auch die renommierte Verfassungsjuristin Prof. Jachmann von der Universität Hamburg weist daraufhin hin, dass Sozialabgaben mit starkem Steuercharakter verfassungswidrig sind und stattdessen als Steuern erhoben werden müssen. Das Bundesverfassungsgericht hat den Steuercharakter eines Teils der Sozialabgaben bei seinem Urteil zur steuerlichen Freistellung des Existenzminimums allerdings nicht explizit berücksichtigt, da das nicht beklagt war (ansatzweise erst Mitte 2001 in seinem Urteil zur Pflegeversicherung). Deshalb ist die Sozialversicherung bisher nicht unmittelbar gezwungen, den durch das Bundesverfassungsgericht veranlassten steuerlichen Grundsicherungsbetrag von rund 600 € pro Monat auch bei der Sozialversicherung (jedenfalls für den Steueranteil der Beiträge) beitragsfrei zu stellen. Der Verband Deutscher Rentenversicherungsträger (VDR) fordert im Handelsblatt vom 14.11.2001, S. 5: „Zwangsabgaben wie der Rentenversicherungsbeitrag müssten gemäss dem Verfassungsgrundsatz der Besteuerung nach der wirtschaftlichen

Leistungsfähigkeit von der Steuer freigestellt werden."

Eine alleinerziehende Mutter bezahlt bei kleinem Lohn zwar keine Steuern, aber ihre Sozialversicherungsbeiträge (und die ihres Arbeitgebers) von ca. 40% des Brutto-Lohns haben weitgehend Steuercharakter (auch ohne Arbeit wäre sie kranken- und pflegeversichert, spätere Leistungen aus der Rentenversicherung sind so niedrig, dass sie ohnehin aus der Sozialhilfe aufgestockt werden). Ihr Arbeitslohn wird auch zukünftig vom ersten Euro an steuerähnlich belastet; zusätzliche Kapitalerträge hingegen könnte sie – auch wegen des Sparerfreibetrags – in erheblichem Umfang steuerfrei beziehen. Ist das gerecht? Ist das sinnvoll? Diese Aspekte unterschiedlicher Belastung einzelner Einkommensarten bei der gleichen Person wurden bisher in der politischen Diskussion nicht ausreichend berücksichtigt.

Zusammenfassend ergibt sich:

- Der (mindestens hälftige) Steueranteil der Sozialabgaben wird in Deutschland auf den Brutto-Lohn ohne jede Berücksichtigung von zwingend erforderlichen Aufwendungen erhoben; Lohn-Werbungskosten bleiben also unberücksichtigt ebenso wie der Arbeitnehmer-Freibetrag, der bei der Lohnsteuer eingeräumt wird. Dies stellt eine unzulässige Sondersteuer vor allem auf kleine und mittlere Einkommen dar.

- Diese steuerartigen Pflichtabgaben können – systemwidrig – als zur Lohnerzielung unabwendbare Kosten nicht voll bei der Erhebung der Lohnsteuer vom Brutto-Lohn abgezogen werden. Zumindest für die Beiträge zur Rentenversicherung haben Politik (Grundsätze der sogenannten ‚Riester-Rente', vgl. Abschnitte 6.1 und 6.2) und Rechtsprechung (Urteil des Bundesverfassungsgerichts vom 6.3.2002, vgl. Abschnitt 6.4) den Reformbedarf bei der Steuer- und Abgabenbelastung präjudiziert. Welche Entlastungen die demnach gebotenen Änderungen bei den Lohnempfängern in den verschiedenen Lohn- und Gehaltsklassen bewirken, wird im Kapitel 6 detailliert dargestellt.

In dem Maße, wie Leistungen der Sozialkassen allgemeine öffentliche Infrastrukturleistungen sind, sollten alle Steuerzahler zur Finanzierung beitragen, nicht nur die sozialversicherungspflichtigen Lohnempfänger und ihre Arbeitgeber. Dies könnte im Rahmen einer Mindest-Besteuerung erfolgen, wie sie in Teil III erläutert wird.

# Teil II  Begrenzung der Belastungen

Wer Forderungen stellt, sollte auch erklären, wie sie finanziert werden sollen – genau in dieser Reihenfolge gehen wir hier vor: Teil II handelt von Maßnahmen zur Begrenzung übermäßig hoher Belastungen, die heute vor allem von Arbeitnehmern zu tragen sind; Teil III beschreibt Instrumente, mit denen – zur Gegenfinanzierung – eine angemessene Besteuerung von hohen Einkommen und großen Vermögen (wieder) sichergestellt werden kann.

Die zwei grundsätzlich möglichen Sichtweisen auf wirtschaftliche Zusammenhänge werden heute gerne mit den Worten ‚top down‘ (von oben nach unten) und ‚bottom up‘ (von unten nach oben) bezeichnet. In Teil I wurde dargestellt, ausgehend von gesamtwirtschaftlichen Daten, wie Summe der Einkommen und Summe aller Steuern und Abgaben, wie sich einzelne Bevölkerungsgruppen an der Finanzierung des Gemeinwohls beteiligen.

In den nächsten Kapiteln 5 und 6 wird, vor allem für die Situation der Arbeitnehmer die individuelle Belastung dargestellt: Was heißt es für den einzelnen Arbeitnehmer, dass seine Steuern und Abgaben heute mehr denn je den größten Teil der gesamtgesellschaftlichen Aufgaben finanzieren müssen, weil die Einkommen aus Unternehmertätigkeit und Vermögen seit zwei Jahrzehnten immer weniger dazu beitragen? Von den tatsächlichen Belastungen der Arbeitnehmer ausgehend, zeichnen wir in Kapitel 5 ein genaues Bild dieser Belastungen, abhängig von Lohnniveau und familiärer Situation. Wir versuchen darzustellen, warum durchaus leistungsbereite Menschen (vor allem die große Zahl derjenigen mit nicht sehr hoher beruflicher Qualifikation) durch systemwidrige Belastungsschwellen systematisch davon abgeschreckt werden, ein steuer- und versicherungspflichtiges Arbeitverhältnis einzugehen. Für eine teilweise kontroverse, jedenfalls aber sehr konstruktive Diskussion dieser Überlegungen, auch im Rahmen der Arbeiten für die Kommission zur Reform der Unternehmensbesteuerung, bedanken wir uns insbesondere bei MdB

Christine Scheel, Vorsitzende des Finanzausschusses des Deutschen Bundestages, und bei Susanne Weis, wissenschaftliche Mitarbeiterin der Bundestagsfraktion von Bündnis90/Die Grünen.

Die system- (und teilweise offensichtlich auch verfassungs-)widrige Überbelastung der kleinen Arbeitnehmer einerseits und der abhängig beschäftigten Hochqualifizierten andererseits muss verringert und begrenzt werden. Einige hierfür gebotene Maßnahmen werden in Kapitel 6 vorgestellt.

## 5 Die Belastung der Arbeitnehmer

Wie in der Einleitung zitiert, werden die Erträge der menschlichen Arbeitskraft in keinem anderen Land der Welt stärker mit Abgaben belastet als in Deutschland. Diese Abgaben haben auch über die Lohnsteuer hinaus zum überwiegenden Teil reinen Steuercharakter, trotzdem gibt es für sie weder eine Werbungskostenpauschale noch einen Grundfreibetrag wie bei der Berechnung der Lohnsteuer.

Beim Weihnachtsgeld für 2000 haben viele Lohnempfänger in Deutschland ein EDV-Problem mit dem Jahrtausendwechsel vermutet, beim Weihnachtsgeld 2001 ein EDV-Problem mit der Euro Umstellung. Nur etwa ein Drittel der vom Arbeitgeber für das Weihnachtsgeld zu tragenden Lohnkosten kamen auf dem Konto des Lohnempfängers an, zwei Drittel gingen an den Staat. Und selbst für den Jahreslohn mussten voll abgaben- und steuerpflichtige Lohnempfänger fast die Hälfte an den Staat abgeben.

### 5.1 Belastung von Löhnen durch Steuern und Abgaben

Bei Arbeitnehmern kassiert der Staat doppelt: Sie müssen jeden Monat rund 20% ihres Bruttogehaltes an die Renten-, Kranken-, Arbeitslosen- und Pflegeversicherung bezahlen. Sie können aber jedes Jahr nur rund 2.000 € (Verheiratete das Doppelte) dieser Pflichtabgaben von der Steuer absetzen (Höchstbetrag der Sonderausgaben). Die meisten Arbeitnehmer bezahlen deshalb Steuern auf bereits vorab einbehaltene, als Sozialabga-

*Tabelle 4 Steuern und Abgaben in € für 2002*

| Ledig | | 325 € | 750 € | 1.500 € | 3.000 € | 4.500 € | 6.000 € |
|---|---|---|---|---|---|---|---|
| (1) **Monatlicher Brutto-Lohn** | | 325 € | 750 € | 1.500 € | 3.000 € | 4.500 € | 6.000 € |
| (2) Bemessungsgrundlage Sozialversicher. =(1) | | 325 € | 750 € | 1.500 € | 3.000 € | 4.500 € | 6.000 € |
| 2a) RentenV 19,1%, max. für 4.500 € mit 9,55% | - | 72 € | 143 € | 287 € | 430 € | 430 € | |
| 2b) ArbeitslosenV 6,5%, max. für 4.500 € mit 3,25% | - | 24 € | 49 € | 98 € | 146 € | 146 € | |
| 2c) KrankenV 13,5%, max. für 3.375 € mit 6,75% | - | 51 € | 101 € | 203 € | 228 € | 228 € | |
| 2d) PflegeV 1,7%, max. für 3.375 € mit 0,85% | - | 6 € | 13 € | 26 € | 29 € | 29 € | |
| (2AN) Arbeitnehmerbeitrag insgesamt | | 0 € | 153 € | 306 € | 612 € | 833 € | 833 € |
| (2AG) Arbeitgeberbeitrag insgesamt | | 72 € | 153 € | 306 € | 612 € | 833 € | 833 € |
| (3) **Monatliche Lohnkosten** =(1)+(2AG) | | 397 € | 903 € | 1.806 € | 3.612 € | 5.333 € | 6.833 € |
| (4) Lohnsteuer - Bemessungsgrundlage | | | | | | | |
| 4a) Von (2AN) bei der Lohnsteuer berücksichtigt | 0 € | 153 € | 182 € | 167 € | 167 € | 167 € | |
| 4b) Werbekostenpauschale | 85 € | 85 € | 85 € | 85 € | 85 € | 85 € | |
| (41) zu versteuerndes Einkommen =(1)-4a)-4b) | | 240 € | 512 € | 1.232 € | 2.748 € | 4.248 € | 5.748 € |
| (42) Lohnsteuer inkl. Solidaritätszuschlag | | 0 € | 0 € | 158 € | 657 € | 1.310 € | 2.073 € |
| (5) **Monatlicher Netto-Lohn** = (1)-(2AN)-(42) | | **325 €** | **597 €** | **1.036 €** | **1.731 €** | **2.358 €** | **3.094 €** |
| (6) Steuern und Abgaben auf Lohnkosten =[(2AN)+(2AG)+(42)] /(1)+(2AG) | | 18% | 34% | 43% | 52% | 56% | 55% |

| Verheiratet ein Lohn | | | | | | | |
|---|---|---|---|---|---|---|---|
| (5) **Monatlicher Netto-Lohn** | | 325 € | 597 € | 1.194 € | 2.048 € | 2.860 € | 3.821 € |
| (6) Steuern und Abgaben auf Lohnkosten | | 18% | 34% | 34% | 43% | 46% | 44% |

| Verheiratet zwei Löhne | | | | | | | |
|---|---|---|---|---|---|---|---|
| (5) **Monatlicher Netto-Lohn** | | 325 € | 597 € | 1.194 € | 2.071 € | 2.802 € | 3.463 € |
| (6) Steuern und Abgaben auf Lohnkosten | | 18% | 34% | 34% | 43% | 48% | 52% |

ben deklarierte Steuern. Auf diese systemwidrige Doppelbelastung kommen wir im Abschnitt 6.3 zurück.

Tabelle 4 zeigt das Zustandekommen dieser Belastungen an insgesamt 18 Fallbeispielen: 6 verschiedene Bruttolöhne, von 325 € (geringfügig Beschäftigte) über 750 € bis zu 6.000 € jeweils für drei verschiedene familiäre Situationen: ledig, verheiratet mit einem Lohn und verheiratet mit zwei Löhnen (je 1/2 des Gesamtlohns).

Damit der Rechengang, der zu den verwirrend vielen Zahlen in Tabelle 4 führt, nachvollzogen werden kann, soll er hier noch einmal in Worten beschrieben werden – denn diese für die meisten schwer verständlichen Zahlen führen schließlich zu der für rund 35 Millionen Arbeitnehmer in Deutschland lebenswichtigen Antwort auf die Frage: „Wieviel Geld steht mir pro Monat zur Verfügung?"

- Ausgangspunkt ist immer der monatliche Brutto-Lohn in Zeile 1.

- Der Arbeitnehmer-Beitrag für die Sozialversicherung in Zeile 2AN ergibt sich als Summe der (gemäss den geltenden Sätzen berechneten) Beiträge zu Renten-, Arbeitslosen-, Kranken- und Pflegeversicherung laut den Zeilen 2a bis 2d. Der Arbeitgeber muss noch einmal die gleiche Summe laut Zeile 2AG als sogenannten Arbeitgeber-Beitrag bezahlen, die er bei seiner Steuererklärung zusammen mit dem Brutto-Lohn ganz als Betriebsausgabe geltend machen kann. Der Arbeitgeber muss also keine Steuern auf die von ihm bezahlten Arbeitgeber-Beiträge entrichten.

- Brutto-Lohn und Arbeitgeber-Beitrag ergeben die in Zeile 3 gezeigten Brutto-Lohnkosten; bei z.B. 1.500 € Brutto-Lohn ergeben sich damit 1.806 € Lohnkosten.

- Die Berechnung der Lohnsteuer in Zeile 3 geht wieder vom Bruttolohn in Zeile 1 aus. Davon kann der Arbeitnehmer-Freibetrag gemäss Zeile 4b abgezogen werden (bzw., falls höher, die tatsächlich entstandenen Werbungskosten), zusätzlich von den schon bezahlten Sozialabgaben nur der Betrag in Zeile 4a, der dem genannten Höchstbetrag der Sonderausgaben von rund 2.000 € im Jahr entspricht, bei sehr kleinen Löhnen etwas mehr. Ergebnis ist das zu versteuernde Einkommen in Zeile 41, aus dem sich gemäss dem Lohnsteuertarif die Lohnsteuer in Zeile 42 ergibt.

• Der monatliche Netto-Lohn in Zeile 5 ist der Brutto-Lohn laut Zeile 1 vermindert um die Arbeitnehmer-Beiträge in Zeile 2AN und die Lohnsteuer in Zeile 42.

Die prozentuale Belastung durch Steuern und Sozialabgaben wird – wie auch für Abbildung 1 – nicht auf den Brutto-Lohn, sondern auf die Lohnkosten bezogen; sie wird also definiert als das Verhältnis der Summe aller Steuern und Abgaben (einschließlich des Arbeitgeberanteils) zu den Brutto-Lohnkosten. Diese Zahlen sind in Zeile 6 jeweils für sechs Gehaltsklassen und die drei Lebenssituationen: ‚ledig‘, ‚verheiratet, ein Lohn‘ und ‚verheiratet, zwei gleich hohe Löhne‘ angegeben.

Die Berechnung wird für die Fallgruppe der ledigen Arbeitnehmer explizit mit allen Zwischenresultaten vorgeführt. Für die Fallgruppen der Verheirateten ergeben sich die Endresultate in den Zeilen 5 und 6 nach demselben, soeben geschilderten Verfahren; die Zwischenwerte werden für diese Fälle in der Tabelle nicht ausgewiesen.

Betrachtet man die Ergebnisse dieser Berechnungen in Tabelle 4, so ist für den Arbeitnehmer von besonderem Interesse, wie weit sein Netto-Lohn hinter dem vereinbarten Brutto-Lohn zurückbleibt, also die Differenz zwischen Zeile 3 und Zeile 1. Als Maß für die durchschnittliche Belastung des Arbeitnehmerlohns mit Steuern und Abgaben soll im Folgenden die Zeile 6 diskutiert werden: Gesamtbelastung geteilt durch Lohnkosten. Dies ermöglicht auch den Vergleich mit den volkswirtschaftlichen Betrachtungen in Kapitel 3; dort wurde in Abbildung 1(b) die tatsächlich bezahlte prozentuale Belastung nach demselben Verfahren, aber mit den gesamtwirtschaftlichen Daten ermittelt.

Es wird deutlich, dass diese Belastung bei einer geringfügigen Beschäftigung von 325 € bei 18% liegt, bei über 325 € Brutto-Lohn pro Monat beträgt sie schon 34% unabhängig vom Familienstatus. Wer z.B. bisher als Lediger 500 € Sozialhilfe bezieht, erhält bei einem typischen Lohn für einfache, aber meist schwere ganztägige Arbeit von 750 € nunmehr wiederum 500 € Netto-Lohn. Kein Wunder, dass sich selbst leistungsorientierte Sozialhilfeempfänger nur selten entschließen können, diese absurde Schwelle zu überschreiten.

Der derzeitige Durchschnittslohn von rund 2.300 € wird bei Ledigen mit knapp 50% belastet, bei Verheirateten mit knapp 40%. Die höchste Durchschnittsbelastung ergibt sich bei Löhnen von 4.500 € (Beitragsbemessungsgrenze der Sozialversicherung!) für Ledige mit 56% und für Verheiratete mit einem Lohn mit 46%. Bei Verheirateten mit zwei Löhnen von insgesamt 4.500 € beträgt die Belastung 48%; die Beitragsbemessungsgrenze der Sozialversicherung endet hier erst bei 9.000 € Brutto-Lohn, wo dann auch die höchste Durchschnittsbelastung von 56% eintritt; diese ist genauso hoch wie die höchste Durchschnittsbelastung bei einem Ledigen, die dort aber schon beim halben Brutto-Lohn, nämlich bei 4.500 € erreicht wird.

Der gewichtete Durchschnitt dürfte bei über 40% liegen, aber nicht wesentlich darüber, da Löhne unter 3.000 € überwiegen und der größere Teil der Arbeitnehmer verheiratet ist. Zu klären bleibt, wieso dieser Wert dann doch noch etwas über dem Wert von 38% liegt, der in Abbildung 1(b) als tatsächliche durchschnittliche Belastung ermittelt wurde. Diese Diskrepanz geht hauptsächlich darauf zurück, dass die in Tabelle 4 gezeigten Belastungen sich ausschließlich auf bis zur Bemessungsgrenze voll steuer- und abgabenpflichtige Löhne und Gehälter beziehen. In Wirklichkeit ist aber ein Teil der Löhne, insbesondere die Gehälter der Beamten, aber auch andere Gehälter, z.B. von Gesellschafter-Geschäftsführern, ganz sozialversicherungsfrei. Außerdem werden in der Praxis die für höhere Löhne gezeigten Lohnsteuern durch vielfältige Steuersparmodelle stark reduziert – eine Möglichkeit, die Arbeitnehmern in den niedrigeren Einkommensklassen hingegen kaum zur Verfügung steht.

Sozialabgaben sind nicht nur eine monetäre Belastung, sondern verursachen zusätzlich noch einen enormen Verwaltungsaufwand. Die Anmeldung und Verwaltung von Mitarbeitern ist derzeit kompliziert: Der Arbeitgeber meldet für die Gesamtheit seiner Arbeitnehmer die Lohnsteuer beim Finanzamt an, die Gesamtsumme ergibt sich durch die beim Arbeitgeber durchzuführende individuelle Berechnung für jeden Arbeitnehmer. Die Anmeldung für die Sozialversicherung muss dagegen einzeln für jeden Arbeitnehmer bei der von ihm gewählten Kasse durchgeführt werden: ein höchst kompliziertes, arbeitsaufwendiges und undurchsichtiges Verfahren. Zukünftig sollte für jeden Arbeitnehmer bei einer zentralen Verrechnungsstelle nur noch der Brutto-Lohn des Arbeitnehmers mit seiner Kennnummer gemeldet werden. Die Berechnungsstelle zieht dann die fälligen Steuern und Sozialabgaben für jeden einzelnen ein und verteilt sie auf die für ihn zuständigen Kassen und Finanzbehörden. Damit wäre für alle Beteiligten, nämlich Arbeitgeber, Arbeitnehmer, Finanzbehörden und Sozialkassen der aktuelle Stand der individuellen Vorauszahlungen für Steuern und Abgaben jederzeit ersichtlich.

## 5.2 Belastung einer Lohnerhöhung

Während Tabelle 4 die Durchschnittsbelastung zeigt, wird in Abbildung 3 die Spitzenbelastung dargestellt, also z.b. die Belastung einer Lohnerhöhung. Zur Berechnung von Abbildung 3 wurde einheitlich eine Lohnerhöhung von 4% zugrunde gelegt. Die waagrechte Achse zeigt die monatlichen Lohnkosten (= Brutto-Lohn plus 20% Arbeitgeber-Beitrag zur Sozialversicherung) vor der Lohnerhöhung. Die vertikale Achse zeigt die prozentuale zusätzliche Belastung durch Steuern und Abgaben pro Lohnerhöhung, also die Differenz der Gesamtbelastung vor und nach der Lohnerhöhung geteilt durch die Differenz der Brutto-Lohnkosten vor und nach der Lohnerhöhung. Für die besonders interessanten Übergangsbereiche an den unteren, mittleren und oberen Bemessungsgrenzen bei Lohnsteuer und Sozialversicherung wurden die Berechnungen detailliert durchgeführt (vgl. die Punkte auf den Linien), diese Ergebnisse sind durch gerade Linien miteinander verbunden.

Der Vergleich der durchschnittlichen Belastungen aus Tabelle 4 und der Spitzenbelastungen aus Abbildung 3 zeigt für einen ledigen Arbeitnehmer Folgendes: Zwischen 1.500 € und 4.500 € Lohnkosten (also Brutto-Lohn zzgl. ca. 20% Arbeitgeber-Beitrag zur Sozialversicherung) müssen von jedem zusätzlichem Euro Brutto-Lohn zwischen 60% und 70% an öffentliche Kassen abgeführt werden (dies bestätigt die auf der ersten Seite des Buches zitierte Aussage von Prof. Sinn, der von einer Belastung von Überstunden mit 67% spricht).

Selbst bei rund 1.000 € Brutto-Lohn, also gerade oberhalb des Sozialhilfeniveaus, wird von einer Lohnerhöhung schon die Hälfte abgezogen.

Löhne bis zu 325 € (‚325 €-Gesetz') werden im Mittel und in der Spitze nur mit 18% Sozialabgaben belastet. Bei geringfügig höheren Löhnen müssten für das gesamte Einkommen die vollen Sozialversicherungsbeiträge bezahlt werden (gut 40% auf den Brutto-Lohn, entsprechend 34% auf die Lohnkosten, also den Brutto-Lohn zzgl. 20% Arbeitgeber-Beitrag zur Sozialversicherung). Dieser absurde Sprung führt dazu, dass bei

Bruttolöhnen zwischen 325 € und 650 € der Netto-Lohn geringer ausfällt als bei ‚325 €-Beschäftigungen'. Es ist also kein Wunder, dass solche Beschäftigungen in der Praxis kaum noch vorkommen. Ebenso wenig verwundet es, dass Kinderbetreuung oder Putzen heute weitverbreitet als ‚kleine' Schwarzarbeiten durchgeführt werden, auch wenn es sich nicht um echte, also unbezahlte Nachbarschaftshilfe handelt.

Normale Lohnempfänger sind von den Vergünstigungen einer zusätzlichen ‚325 €-Beschäftigung' ohnedies ausgeschlossen, weil dieses Zusatzeinkommen bei ihnen wie Normallohn behandelt wird. Begünstigt sind also gerade nicht die wirklich Bedürftigen, sondern ein im Allgemeinen sehr viel besser gestellter Personenkreis: z.B. Personen, die durch den Ehepartner sozial abgesichert sind, oder Alleinstehende und Rentner mit anderweitig gutem Einkommen, die sich einige Hundert Euro dazuverdienen wollen.

Gutverdienende Ledige mit einem Brutto-Lohn von 4.500 € und mehr brauchen für ihre Lohnerhöhung keine Sozialabgaben mehr abzuführen, die Lohnerhöhung wird aber eigentlich mit dem Spitzensatz der Lohnsteuer von heute noch rund 50% (ab 2005 nur noch 45% inkl. Solidaritätszuschlag) belastet. Im Gegensatz zum Niedriglohnbezieher stehen ihnen aber vielfältige Möglichkeiten der Steuerreduzierung offen, so dass die tatsächliche Belastung der Lohnerhöhung für sie vielfach deutlich niedriger ist. Allerdings erhalten sie bei Lohnerhöhungen auch keine zusätzlichen Leistungen aus der gesetzlichen Sozialversicherung.

Mittlere Lohneinkommen tragen also deutlich über 60% Spitzenbelastung, höhere Einkommen aus Löhnen oder Kapitaleinkünften dagegen überwiegend weit unter 50%. Diese Belastungen stehen offensichtlich im Widerspruch zu dem vom Bundesverfassungsgericht zumindest für Steuern aufgestellten Progressionsgebot: Es darf nicht sein, dass höhere Einkommen systematisch niedriger belastet werden als geringere Einkommen.

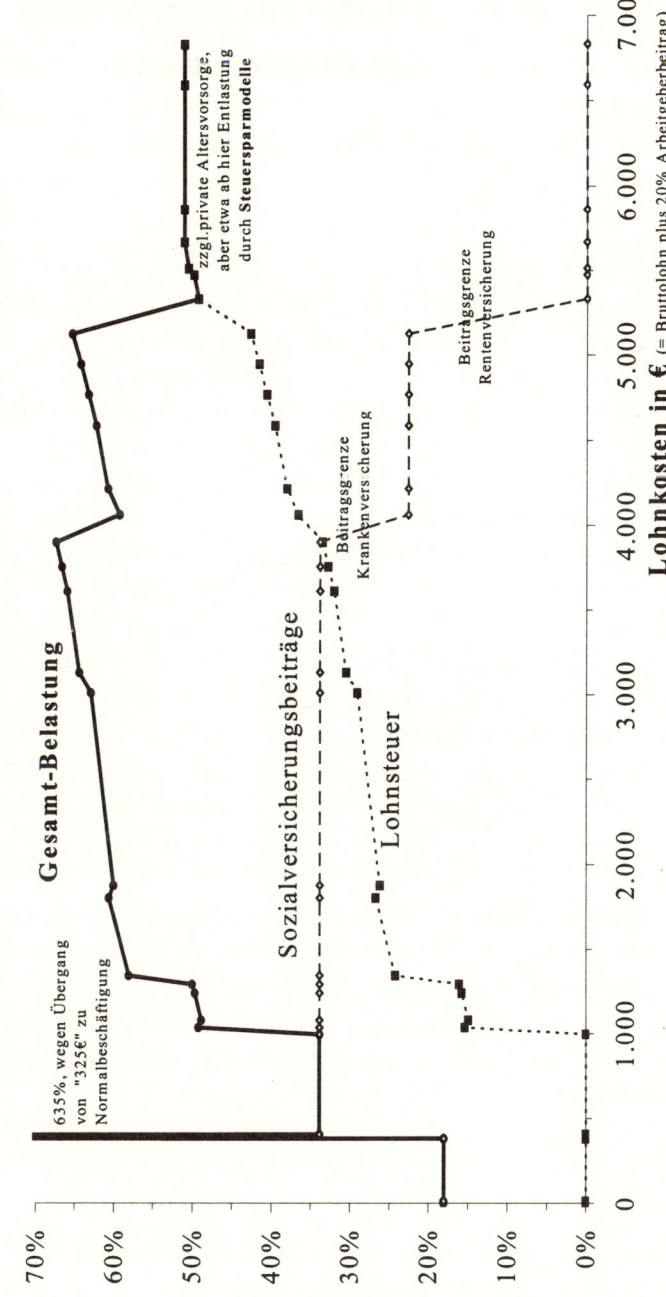

Abbildung 3 Spitzenbelastung: Belastung einer Lohnerhöhung von 4% für einen ledigen Steuerzahler im Jahr 2002 durch Lohnsteuer und Sozialversicherungsbeiträge

# 6 Vorschläge zur Begrenzung der Belastungen

Wir gehen davon aus, dass die in der Einleitung aufgestellte Behauptung mehrheitlich akzeptiert wird: „Ein friedliches Zusammenleben erfordert offensichtlich eine als recht und billig akzeptierte Belastung durch Steuern und Abgaben von allen, die zu solchen Leistungen fähig sind und die andererseits die vielfältigen Leistungen der öffentlichen Hand als selbstverständliche Grundlage ihres Lebens in Anspruch nehmen." Der in den letzten drei Kapiteln dargestellte Ist-Stand der Belastungen in Deutschland widerspricht diesen Voraussetzungen eines friedlichen Zusammenlebens in eklatanter Weise: Die Mehrzahl der Lohnempfänger trägt mit 45% und mehr ihres Bruttogehalts zur Finanzierung der Staatsaufgaben und des Sozialsystems bei, während die Bezieher von Einkommen aus Unternehmertätigkeit und Vermögen durchschnittlich nur mit 23% belastet werden, und manche ihre Belastung offensichtlich legal oder illegal noch weit niedriger gestalten können. Es existiert natürlich auch ein Personenkreis, der gleichzeitig beiden Kategorien angehört. Lohnempfänger mit erheblichen Kapitaleinkommen werden für ihre Lohneinkommen über Gebühr, für ihr Kapitaleinkommen fast gar nicht vom Staat herangezogen. Dieses Ungleichgewicht sollte aufgehoben werden, indem alle Einkünfte annähernd gleichmäßig belastet werden und die Leistungsstärkeren gemäss den Vorgaben des Bundesverfassungsgerichts stärker belastet werden als die Leistungsschwächeren.

*Begrenzung der Belastungen* für alle ist deshalb ein Ziel, das angestrebt werden muss. Im Folgenden werden hierfür konkrete Maßnahmen vorgeschlagen.

## 6.1 Beitragsminderung bei der Sozialversicherung statt Zuschuss zur Riester-Rente

Der Staat erwartet zukünftig von seinen Bürgern, dass sie zusätzlich zur gesetzlichen Sozialversicherung freiwillig einen Teil ihres verbleibenden Einkommens für die private Altersversorgung aufwenden.

### *Mündige Bürger statt staatlicher Bevormundung*

Es ist daher unverständlich, warum diese Vorsorge nicht vom Bürger selbst organisiert werden darf, sondern die staatliche Förderung nur gewährt wird, wenn der Bürger einen kostenaufwendigen ‚Altersvorsorgevertrag' bei einem Kapitalanlagefond oder einer Lebensversicherung abschließt. Stattdessen sollte jeder frei entscheiden können, ob er seine Vorsorge selbst organisiert oder Finanzdienstleister wie Banken und Versicherungen damit beauftragt. Zu Recht wird in der Begründung zum Gesetz eine entsprechende Überprüfung und eventuelle Nachbesserung verlangt: „Ob der Abschluss eines privaten Alterssicherungsvertrags obligatorisch vorgesehen werden soll, ist im Laufe der weiteren Legislaturperiode zu prüfen". Sollte der Bürger nicht Jahr für Jahr selbst entscheiden, wie und wo er sein Geld anlegt, und sich so Abschlussgebühren (meist ein bis zwei Jahresbeiträge, die ihm von seinen Einzahlungen abgezogen werden) und laufende Verwaltungskosten (bis zu 8% seiner laufenden Einzahlungen, die entsprechend seine Rente mindern) ersparen? Genauso ist es beispielsweise seit 1957 in der kanadischen Altersvorsorge (‚Registered Retirement Savings Plan') möglich.

Eigengenutzte und vermietete Immobilien sind nach Meinung vieler die beste Altersvorsorge, 85% der Bundesbürger hätten gerne ein eigenes Haus. Diese Mehrheit wird nach dem Riester-Modell nur indirekt zusätzlich gefördert: Zuerst muss der Bürger (in vielen Fällen die Bürgerin) den ‚Altersvorsorgevertrag' abschließen, dann kann er sich von diesen Kapitalgesellschaften sein eigenes Geld als Darlehen mit einem Zinszuschlag wieder zurückleihen.

Wäre es nicht angemessen, dem mündigen Bürger etwas mehr Vertrauen zu schenken? Es wäre zur Kontrolle völlig ausreichend, wenn er – nicht bei der Steuererklärung, sondern am Besten bei der Bundesversicherungsanstalt – glaubhaft machen kann, dass er sein Geld nicht verfrühstückt, sondern für das Alter zurückgelegt hat. Die jetzt vorgesehene Überregulierung der Altersvorsorge kann bei einer freien Wahlmöglichkeit des Bürgers zwischen Eigenvorsorge und Übertragung an Finanzdienstleister entfallen; sie läuft ohnehin Gefahr, mit europarechtlichen Vorgaben in Konflikt zu geraten.

Den **Tarifparteien** sollte die Möglichkeit eingeräumt werden, die staatliche Förderung für den Aufbau und Erhalt von Betriebsrenten zu nutzen. Nur wenn der Arbeitgeber einen nennenswerten Anteil der anfallenden Beiträge und Verwaltungskosten übernimmt, sollte die vorher geforderte Wahlfreiheit des Bürgers eingeschränkt werden können.

### In der jetzigen Form ist die Förderung der Riester-Rente ungerecht

Das ursprüngliche Riester-Konzept zur Förderung der Privatrente war durchaus vernünftig:

- Die Beitragszahler zur gesetzlichen Rentenversicherung werden durch die Verringerung ihrer zukünftigen Renten belastet, und deshalb sollten sie (und nur sie!) für Eigenvorsorge in Höhe bis zu 4% ihres sozialversicherungspflichtigen Einkommens zusätzliche staatliche Unterstützung bekommen, entweder durch einen Zuschuss oder durch die steuerliche Abzugsmöglichkeit der Eigenvorsorge.

- Die Angehörigen der Beitragszahler werden durch Kürzungen der Hinterbliebenenrente zusätzlich belastet und können deshalb auch bis zu 4% des sozialversicherungspflichtigen Einkommens ihres Ehepartners begünstigt sparen. Wer bei über 4.500 € Brutto-Lohn maximal in die Rentenversicherung einzahlt, hätte dann monatlich 180 € für die Privatrente zur Seite legen können, bei 250 € Brutto-Lohn nur 10 € pro Monat. Wer also durch die Rentensanierung viel Rentenanspruch verliert, hätte viel zur Seite legen können, wer weniger verliert, entsprechend weniger.

Dieses vernünftige Konzept – nur wer bei der gesetzlichen Rente belastet wird, wird bei der Riester-Rente begünstigt – hat allerdings eine Konsequenz, die man durchaus als sozial ungerecht empfinden kann: Warum sollten die großen Rentner eine größere staatliche Unterstützung bekommen als die kleinen Rentner? Deshalb wurde beschlossen, dass alle

Lohnempfänger den Maximalbetrag von der Steuer abziehen können. Dies war gut gemeint, doch trägt es wenig zum erstrebten Ziel bei:

- Der kleine Lohnempfänger – mit einem Brutto-Lohn von z.B. 1.000 € – kann wegen seines niedrigen Steuersatzes die Steuerfreiheit nicht richtig nutzen und hat ohnehin Schwierigkeiten, sich 180 € pro Monat vom Mund abzusparen. Er kann bestenfalls den Mindestsparbeitrag erbringen und muss sich also mit den Zuschüssen zufrieden geben.

- Der mittlere Lohnempfänger (mit einem Brutto-Lohn von 2.500 € pro Monat, das ist etwa der Durchschnittslohn im Jahr 2002) wird etwas begünstigt, wenn er tatsächlich statt (den laut dem ursprünglichen Vorschlag begünstigten) 100 € nun 180 € pro Monat für die Riester-Rente aufbringen kann.

- Für den großen Lohnempfänger (mit einem Brutto-Lohn oberhalb der Beitragsbemessungsgrenze von 4.500 €) ändert sich nichts.

- Begünstigt werden hingegen hohe Einkommen mit geringer Sozialversicherungspflicht. Ein Ministerialratsehepaar mit einer stundenweise beschäftigten Ehefrau kann von seiner jährlichen Ersparnis 360 € pro Monat von der Steuer absetzen und spart dabei bis zu 160 € Steuern. Wer hat, dem wird gegeben!

Ergebnis: Wer durch die unstrittig erforderliche Rentensanierung besonders wenig belastet wird, der wird durch die jetzige Regelung beim Aufbau einer eigenen Altersversorgung besonders stark begünstigt.

### *Die Förderung der Privatrente ist kompliziert*

In der Anhörung des Sozialausschusses des Dt. Bundestages Mitte Dezember 2000 haben sich nahezu alle Experten gegen die vorgesehenen, höchst komplizierten Fördermaßnahmen ausgesprochen, weil sie, wie insbesondere der Bundesvorsitzende der Deutschen Steuer-Gewerkschaft (D. Ondracek) nachvollziehbar darlegte, unlösbare verwaltungstechnische Probleme verursachen: Auf über 10 eng bedruckten Seiten werden im entsprechenden § 10a EStG die Voraussetzungen für die staatliche Förderung der Privatrente dargestellt. Finanzminister Eichel hat zur Prüfung der Geeignetheit der hierfür erforderlichen Altersvorsorgeverträge eine zentrale Zertifizierungsstelle für staatlich geförderte Altersvorsorgeprodukte bei der Bundesversicherungsanstalt in Berlin angesiedelt. In Brandenburg an der Havel ist die neue „Zentrale Zulagestelle für Altersvermögen" mit über 400 Mitarbeitern aufgebaut worden, die jeden einzelnen Förderantrag prüft (die SPD/CDU-regierten Länder Berlin und Brandenburg haben der Riester-Rente im Bundesrat wegen dieser Arbeitsbeschaffungsmassnahmen zugestimmt). Entsprechende Zertifizierungsgesetze zur Prüfung der Altersvorsorgeverträge und darauf aufbauende Ausführungsrichtlinien wurden erarbeitet und werden laufend aktualisiert: Ein Beschäftigungsprogramm für Vertriebsleute, die mit staatlicher Unterstützung Versicherungsverträge verkaufen und Beamte, die die Korrektheit der Versicherungsverträge prüfen.

Bezahlt wird das alles aus Steuern und Abgaben der normalen Bürger, denen dann entsprechend weniger für die Altersvorsorge bleibt.

Übrigens: Am 30. Januar 2002 haben 19 deutsche Lebensversicherer Verfassungsbeschwerde dagegen erhoben, dass die sogenannte „Direktversicherung" (vgl. Tabelle 7) nicht in die Riester-Rente integriert wird und deshalb auf die entsprechende Vertriebsunterstützung verzichten muss.

## 6.2 Für Arbeitnehmer-Beiträge zur Sozialversicherung Grundfreibetrag wie bei der Lohnsteuer

Bei Arbeitnehmern mit geringen Löhnen sollte zukünftig der Zuschuss zur Riester-Rente entfallen. Stattdessen sollte, wie derzeit schon bei der Lohnsteuer, das Existenzminimum von 600 € pro Monat und die Arbeitnehmerpauschale von 85 € pro Monat nicht mehr mit Arbeitnehmerbeiträgen zur Sozialversicherung belastet werden. Tabelle 5 zeigt die resultierenden Entlastungen bei den Arbeitnehmern.

Da nun durch den Grundfreibetrag alle Brutto-Löhne bis zu 685 € pro Monat von Arbeitnehmer-Beiträgen freigestellt werden, wird das höchst komplizierte „325 € Gesetz' überflüssig. Als Beispiele für eine vergleichbare Entlastung seien Frankreich und Großbritannien angeführt, wo die Sozialversicherungsbeiträge für geringe Löhne niedriger angesetzt werden als für darüber liegende Einkommen.

*Tabelle 5 Steuern und Abgaben in € für 2002, wenn Bemessungsgrundlage für Arbeitnehmerbeiträge zur Sozialversicherung einen Grundfreibetrag wie bei der Lohnsteuer hätte*

|  |  | 325 € | 750 € | 1.500 € | 3.000 € | 4.500 € | 6.000 € |
|---|---|---|---|---|---|---|---|
| **Ledig** | (1) **Monatlicher Brutto-Lohn** | 325 € | 750 € | 1.500 € | 3.000 € | 4.500 € | 6.000 € |
| | (2) Bemessungsgrundlage Sozialversicherung für Arbeitnehmer-Beitrag nun unter Berücksichtigung von | | | | | | |
| | (21) Lohn-Werbungskosten (AN-Pauschbetrag) | 85 € | 85 € | 85 € | 85 € | 85 € | 85 € |
| | (22) Freibetrag für Existenzminimum | 603 € | 603 € | 603 € | 603 € | 603 € | 603 € |
| | Neue Bemessungsgrundlage =(1)-(21)-(22) | 0 € | 62 € | 812 € | 2.312 € | 3.812 € | 5.312 € |
| | (2AN) Neuer Arbeitnehmer-Beitrag insgesamt | 0 € | 13 € | 166 € | 472 € | 744 € | 833 € |
| | (2AG) Arbeitgeber-Beitrag wie bisher (vgl. Tab. 4) | (66 €) | 153 € | 306 € | 612 € | 833 € | 833 € |
| | (3) **Monatliche Lohnkosten** =(1)+(2AG) | **391 €** | **903 €** | **1.806 €** | **3.612 €** | **5.333 €** | **6.833 €** |
| | (4) Bemessungsgrundlage Lohnsteuer | | | | | | |
| | 4a) Von (2AN) bei der Lohnsteuer berücksichtigt | 0 € | 13 € | 166 € | 167 € | 167 € | 167 € |
| | 4b) Werbekostenpauschale | 85 € | 85 € | 85 € | 85 € | 85 € | 85 € |
| | (41) Zu versteuerndes Einkommen =(1)-4a)-4b) | 240 € | 652 € | 1.249 € | 2.748 € | 4.248 € | 5.748 € |
| | (42) Lohnsteuer inkl. Solidaritätszuschlag | 0 € | 11 € | 163 € | 657 € | 1.310 € | 2.073 € |
| | (5) **Monatlicher Netto-Lohn** = (1)-(2AN)-(42) | **325 €** | **726 €** | **1.171 €** | **1.872 €** | **2.446 €** | **3.094 €** |
| | (5a) Erhöhung des Netto-Lohns gegenüber heute | 0 € | 129 € | 136 € | 140 € | 88 € | 0 € |
| | (6) Steuern und Abgaben auf Lohnkosten | 17% | 20% | 35% | 48% | 54% | 55% |
| **Verheiratet ein Lohn** | (5) **Monatlicher Netto-Lohn** | **325 €** | **750 €** | **1.420 €** | **2.307 €** | **3.038 €** | **3.821 €** |
| | (5a) Erhöhung des Netto-Lohns gegenüber heute | 0 € | 153 € | 226 € | 259 € | 178 € | 0 € |
| | (6) Steuern und Abgaben auf Lohnkosten | 17% | 17% | 21% | 36% | 43% | 44% |
| **Verheiratet zwei Löhne** | (5) **Monatlicher Netto-Lohn** | **325 €** | **750 €** | **1.452 €** | **2.343 €** | **3.083 €** | **3.743 €** |
| | (5a) Erhöhung des Netto-Lohns gegenüber heute | 0 € | 153 € | 258 € | 271 € | 281 € | 281 € |
| | (6) Steuern und Abgaben auf Lohnkosten | 17% | 17% | 20% | 35% | 43% | 48% |

Betrachtet man in Tabelle 5 die Auswirkungen dieses ersten notwendigen Reformschritts, also der Anerkennung der Werbungskostenpauschale und des Grundfreibetrags der Lohnsteuer auch bei der Erhebung des Arbeitnehmer-Anteils der Sozialabgaben, so ergeben sich gegenüber der in Tabelle 4 dargestellten bisherigen Situation spürbare Entlastungen vor allem für unterdurchschnittliche Lohneinkommen. So würde etwa für Verheiratete mit Brutto-Löhnen zwischen 750 € und 1.500 € nun der Netto-Lohn (nahezu) den Brutto-Lohn erreichen, vgl. Zeile 5, entsprechend einer Erhöhung des Netto-Lohns um 25% bei 750 € Brutto-Lohn und um 20% bei 1.500 € Brutto-Lohn.

Die Belastung durch Steuern und Sozialabgaben in Bezug auf die Lohnkosten, vgl. Zeile 6, würde für Verheiratete in diesem Niedriglohnbereich von heute 34% auf etwa die Hälfte gesenkt. Damit würde die Möglichkeit deutlich verbessert, Arbeitsplätze für weniger Qualifizierte erfolgreich anzubieten und auch wirklich zu besetzen. Anders gesagt: Der Schritt aus der Sozialhilfe würde deutlich erleichtert.

## 6.3 Volle steuerliche Absetzbarkeit aller Pflichtbeiträge zur gesetzlichen Sozialversicherung

Für Arbeitnehmer mit höheren Löhnen sollte es keine Steuerfreistellung der Beiträge zur Privatrente geben. Vielmehr sollte die Freistellung aller Beiträge zur gesetzlichen Sozialversicherung möglichst schnell umgesetzt werden. Damit würde die heute übermäßig hohe Belastung bei sozialversicherungspflichtigen Monatslöhnen zwischen 1.500 € und 4.500 € ebenfalls verringert werden und damit auch der Anreiz, aus der gesetzlichen Sozialversicherung zu flüchten.

Die durch den Grundfreibetrag erreichbare Verringerung der Arbeitnehmer-Beiträge bei kleinen Löhnen und die volle steuerliche Abzugsfähigkeit für alle Arbeitnehmerbeiträge würde kleine und große Löhne angemessen entlasten und ihnen so eine zusätzliche Altersvorsorge ohne staatliche Reglementierung ermöglichen.

Tabelle 6 zeigt die Entlastungen bei der Lohnsteuer, die sich ergeben würde, wenn das Finanzamt zusätzlich zur Freistellung des Existenzminimums und der Werbekostenpauschale alle Arbeitnehmer-Beiträge

zur Sozialversicherung von der Bemessungsgrundlage der Lohnsteuer abziehen lassen würde (Aufhebung der derzeitigen Beschränkung auf rund
167 € pro Monat). Zum internationalen Vergleich: In der Schweiz, aber
auch in Österreich und vielen anderen EU-Ländern, sind alle derartigen
Pflichtbeiträge steuerlich voll abzugsfähig.

Sowohl die Anrechnung der Freibeträge bei den Arbeitnehmer-Beiträgen (Tabelle 5) wie deren voller Abzug bei der Berechnung der Lohnsteuer (Tabelle 6) erfolgt in Abhängigkeit von den Brutto-Löhnen und
der Familiensituation und kann deshalb problemlos in die bestehenden
Lohnabrechnungsprogramme eingearbeitet werden.

Die volle Anerkennung des Arbeitnehmer-Anteils der Sozialabgaben
bei der Festsetzung der Lohnsteuer bringt, wie der Vergleich von Tabelle
6 mit Tabelle 5 zeigt, im unteren Lohnbereich bis 1.500 € Brutto-Lohn
keine zusätzliche Entlastung. Deutliche Auswirkungen aber hat dieser
Schritt in dem Bereich, in welchem der Lohnsteuertarif stark ansteigt,
also für Brutto-Löhne zwischen 3.000 € und 4.500 €. Hier wird die Belastung von heute – je nach Familienstand – zwischen 43% und 56% durch
die Reform (auf immer noch sehr hohe) Werte von 36% bis 49% gesenkt.
Eine Entlastung erfährt dadurch z.B. der unverheiratete jüngere, hoch-
qualifizierte Facharbeiter mit 3.000 € Brutto-Lohn, bei dem die heutige
Durchschnittsbelastung von 52% laut Tabelle 4 auf 45% gesenkt wird.

Die Spitzenbelastung eines solchen gut verdienenden Facharbeiters
beträgt gemäß Abbildung 3 heute 65%. Die Spitzenbelastung, wie sie sich
*nach* der Einführung der beiden Entlastungsschritte ergibt, ist in Abbildung 4 dargestellt. Die Berechnung folgt dem Rechengang von Abbildung 3, der dort schon beschrieben wurde. Es sollte betont werden, dass
dieser Rechengang nicht etwa ein theoretisches Konstrukt der Autoren
darstellt, sondern vielmehr genau das nachvollzieht, was die Finanzbehörden und die Sozialkassen bei der Festsetzung der abzuführenden
Steuern und Abgaben praktizieren.

Tabelle 6 *Steuern und Abgaben in € für 2002, wenn das Finanzamt zusätzlich alle Arbeitnehmerbeiträge zur gesetzlichen Sozialversicherung steuerlich anerkennen würde*

| Ledig | | 325 € | 750 € | 1.500 € | 3.000 € | 4.500 € | 6.000 € |
|---|---|---|---|---|---|---|---|
| | (1) **Monatlicher Brutto-Lohn** | 325 € | 750 € | 1.500 € | 3.000 € | 4.500 € | 6.000 € |
| | (2AN) Arbeitnehmer-Beitrag (2AN aus Tab. 6.1) | 0 € | 13 € | 166 € | 472 € | 744 € | 833 € |
| | (2AG) Arbeitgeber-Beitrag wie bisher (vgl. Tab. 6.1) | 66 € | 153 € | 306 € | 612 € | 833 € | 833 € |
| | **(3) Monatliche Lohnkosten** =(1)+(2AG) | **391 €** | **903 €** | **1.806 €** | **3.612 €** | **5.333 €** | **6.833 €** |
| | (4) Bemessungsgrundlage Lohnsteuer | | | | | | |
| | 4a) Arbeitnehmer-Beitrag nun **ganz** berücksichtigt | 0 € | 13 € | 166 € | 472 € | 744 € | 833 € |
| | 4b) Werbekostenpauschale | 85 € | 85 € | 85 € | 85 € | 85 € | 85 € |
| | (41) zu versteuerndes Einkommen =(1)+4a)+4b) | 240 € | 652 € | 1.249 € | 2.443 € | 3.670 € | 5.082 € |
| | (42) Lohnsteuer inkl. Solidaritätszuschlag | 0 € | 11 € | 163 € | 543 € | 1.039 € | 1.733 € |
| | **(5) Monatlicher Netto-Lohn** = (1)-(2AN)-(42) | **325 €** | **726 €** | **1.171 €** | **1.985 €** | **2.716 €** | **3.435 €** |
| | (5a) Erhöhung des Netto-Lohns gegenüber heute | 0 € | 129 € | 136 € | 254 € | 358 € | 341 € |
| | (6) Steuern und Abgaben auf Lohnkosten | 17% | 20% | 35% | 45% | 49% | 50% |
| Verheiratet | **(5) Monatlicher Netto-Lohn** | **325 €** | **750 €** | **1.420 €** | **2.307 €** | **3.142 €** | **4.009 €** |
| ein | (5a) Erhöhung des Netto-Lohns gegenüber heute | 0 € | 153 € | 226 € | 259 € | 283 € | 188 € |
| Lohn | (6) Steuern und Abgaben auf Lohnkosten | 17% | 17% | 21% | 36% | 41% | 41% |
| Verheiratet | **(5) Monatlicher Netto-Lohn** | **325 €** | **750 €** | **1.433 €** | **2.319 €** | **3.154 €** | **3.939 €** |
| zwei | (5a) Erhöhung des Netto-Lohns gegenüber heute | 0 € | 153 € | 239 € | 248 € | 352 € | 476 € |
| Löhne | (6) Steuern und Abgaben auf Lohnkosten | 17% | 17% | 21% | 36% | 42% | 45% |

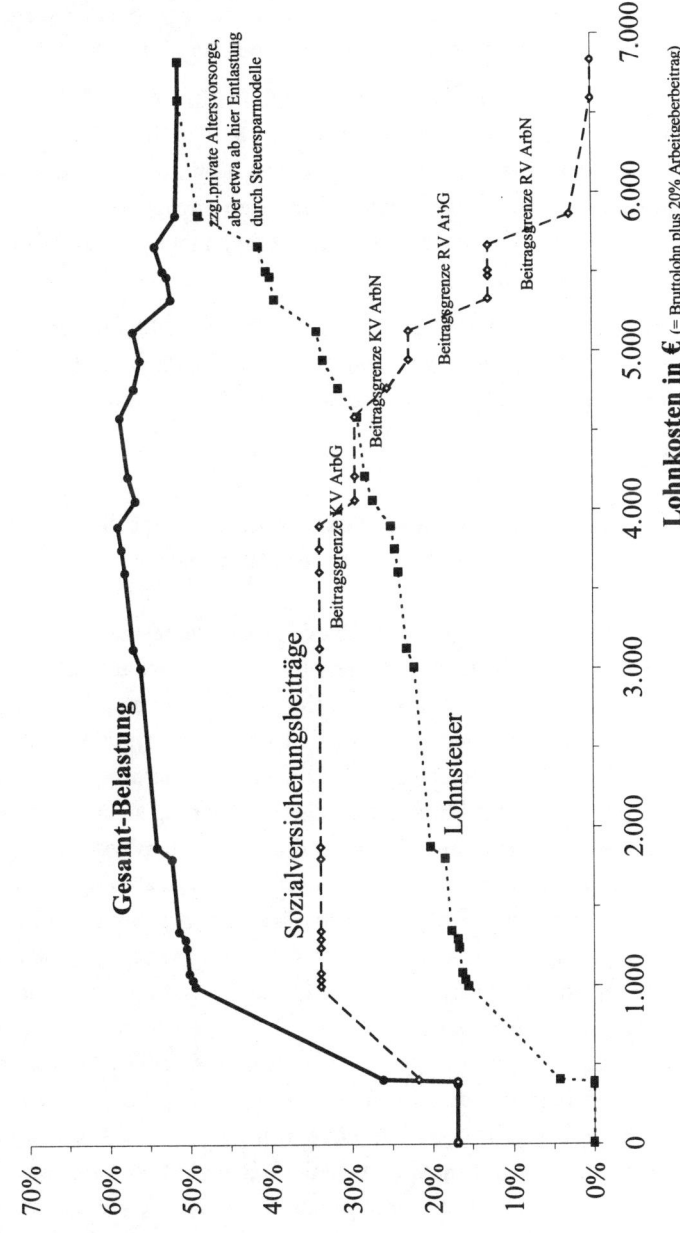

Abbildung 4 Spitzenbelastung: Belastung einer Lohnerhöhung von 4% für einen ledigen Steuerzahler im Jahr 2002 durch Lohnsteuer und Arbeitnehmer-Beitrag zur Sozialversicherung nach Einführung der Begrenzungen

Der Vergleich von Abbildung 4 mit Abbildung 3 zeigt, dass die zwei hier vorgeschlagenen Reformschritte auch bei der Spitzenbelastung zumindest die gröbsten Missstände beheben können:

- Zum einen würde die absurde Spitze bei 325 € Brutto-Lohn und die beiden extremen Anstiege bei rund 800 € und 1.100 € Brutto-Lohn vermieden (man beachte, dass in den Abbildungen 3 und 4 die Belastung in Abhängigkeit der Lohnkosten angegeben wird; der Brutto-Lohn ergibt sich durch Abzug des Arbeitgeber-Beitrags von rund 1/6 der Lohnkosten).

- Zum anderen wäre die Spitzenbelastung bei 3.000 € Lohnkosten (das entspricht dem heutigen Durchschnittslohn von rund 2.500 €) „nur" noch 56% gegenüber bisher 63%.

### 6.4 Bundesverfassungsgericht erzwingt die Reform der Rentenbesteuerung

Das Bundesverfassungsgericht (BVG) hat in seiner Entscheidung vom 6. März 2002 die derzeitige steuerliche Ungleichbehandlung von gesetzlichen Renten und Beamtenpensionen für verfassungswidrig erklärt [BVG, Rentenbesteuerung, 2002], „soweit Versorgungsbezüge bis auf einen Versorgungsfreibetrag von höchstens insgesamt 6000 DM zu den steuerpflichtigen Einkünften aus nichtselbständiger Arbeit gehören und andererseits Renten aus der gesetzlichen Rentenversicherung nur mit Ertragsanteilen besteuert werden, deren Höhe unabhängig davon festgesetzt ist, in welchem Umfang dem Rentenbezug Beitragsleistungen der Versicherten aus versteuertem Einkommen vorangegangen sind. Der Gesetzgeber ist verpflichtet, spätestens mit Wirkung zum 1. Januar 2005 eine Neuregelung zu treffen."

Tabelle 7 zeigt die Besteuerung unterschiedlicher Altersvorsorgemaßnahmen für einen ledigen Steuerzahler im Jahr 2002. Die Arbeitnehmer-Beiträge zur gesetzlichen Rentenversicherung (max. 430 €, vgl. Zeile 1) sind derzeit nur mit max. 78 € steuerlich abzugsfähig (bei anteiliger Zurechnung des max. Abzugbetrags von 167 € auf die Beiträge zur Renten-, Kranken-, Pflege- und Arbeitslosenversicherung); die Arbeitgeber-Beiträge (max. 430 €) sind in jedem Fall als Betriebsausgaben voll absetzbar. Damit sind bei hohen Löhnen maximal 508 € von 860 € abzugsfähig, also 60%, bei niedrigen Löhnen bis zu 100%.

Bei Betriebsrenten aus Rückstellungen und Unterstützungskasse (Zeilen 2c und 2d) sowie bei Beamtenpensionen (Zeile 4) sind insgesamt für alle derartigen Renten und Pensionen maximal 343 € steuerfrei wegen eines zusätzlichen Versorgungsfreibetrags und des hier anzuwendenden Arbeitnehmer-Pauschbetrags.

Aus der Begründung der Entscheidung geht hervor, dass die Besteuerung der Altersrente entsprechend der Steuerfreistellung der früher bezahlten Beiträge geschehen müsse: Werden also wie heute mindestens 60% der bezahlten Beiträge von der Steuer freigestellt, so sollten später mindestens 60% der Rente versteuert werden. Die Rentenbezüge sind derzeit nur mit rund 30% (sogenannter „Ertragsanteil", vgl. Zeile 1) zu versteuern. Die Pensionszusagen bleiben beim Beamten unbesteuert, vgl. Zeile 4. Entsprechend ist die Pension voll zu versteuern. Aus dem BVG-Urteil zur steuerlichen Gleichbehandlung von gesetzlichen Renten und Beamtenpensionen folgt also **nicht** zwingend die nachgelagerte Besteuerung, also die vollständige Freistellung der Arbeitnehmer-Beiträge zur gesetzlichen Rentenversicherung bei voller Besteuerung der Renten. Vielmehr ist eine Erhöhung des zu versteuernden Ertraganteils der Rente von 30% auf mindestens 60% geboten, da früher in vielen Fällen die Arbeitnehmer-Beiträge zur gesetzlichen Rentenversicherung ganz von der Steuer freigestellt waren, heute zu mindestens 60%.

Die BVG-Entscheidung hat auch Auswirkungen auf die Besteuerung der anderen vom Gesetzgeber geförderten Altersversorgungssysteme, insbesondere auf die Betriebspensionen, die aber noch nicht im Einzelnen abschätzbar sind.

Die Bundesregierung hat unmittelbar nach der BVG-Entscheidung angekündigt, die Beiträge zur gesetzlichen Rentenversicherung von der Steuer freizustellen, aus Haushaltsgründen aber nur in längerfristigen Stufenschritten, da eine kurzfristige Freistellung angebliche untragbare Steuerausfälle von gut 10 Mrd. € pro Jahr verursachen würde. Die Bundesregierung hat aber 2001 beschlossen, *freiwillige* Beiträge für die Riester-Rente von der Steuer freizustellen, was nach Vollausbau ab 2008 pro Jahr auch 10 Mrd. € kostet zuzüglich der enormen Verwaltungskosten.

*Tabelle 7 Besteuerung von Rentenbeiträgen und Rentenbezügen bei unterschiedlichen Altersvorsorge-Maßnahmen für einen ledigen Steuerzahler im Jahr 2002*

**Alle Beträge in € pro Monat**

| Besteuerung von bei | (1) Einzahlung (Beitrag) Arbeitnehmer | (1) Einzahlung (Beitrag) Arbeitgeber | (2) Auszahlung (Rente) |
|---|---|---|---|
| **(1) Gesetzlicher Rente** | 78 € steuerfrei von max. 430 € | steuerfrei | Ertragsanteil* steuerpflichtig *Ertragsanteil 32% (27%) bei Rentenbeginn mit 60 (65) Jahren |
| **(2) Betriebsrente** | | | |
| (2a) über Direktversicherung | pauschal mit 20% bis 146 € | - | Ertragsanteil* steuerpflichtig |
| (2b) über Pensionskasse | pauschal mit 20% bis 146 € | - | Ertragsanteil* steuerpflichtig |
| (2c) über Rückstellungen | - | steuerfrei | steuerpflichtig ab 343 € |
| (2d) über Unterstützungskasse | - | steuerfrei | steuerpflichtig ab 343 € |
| **(3) Riester-Rente** | 180 € steuerfrei (ab 2008) | - | steuerpflichtig |
| **(4) Beamtenpension** | - | steuerfrei | steuerpflichtig ab 343 € |
| **(5) Lebensversicherung** | | | |
| (5a) Arbeitnehmer | voll steuerpflichtig | | steuerfrei |
| (5b) Selbstständiger | 422 € steuerfrei | - | steuerfrei |
| **(6) Wohnimmobilie** | | | |
| (6a) eigengenutzt | 213 € Zulage für Neubau | - | steuerfrei |
| (6b) vermietet | erhebliche Steuervorteile | - | steuerpflichtig |
| **(7) Geldanlage** | | | |
| (7a) Sparbuch | voll steuerpflichtig | | steuerpflichtig ab 129 € |
| (7b) Fonds - Ausschüttung | voll steuerpflichtig | - | steuerpflichtig ab 129 € |
| (7c) Fonds - Wertzuwachs | voll steuerpflichtig | - | steuerfrei |

Die Steuerfreiheit dieser freiwilligen Beiträge präjudiziert die entsprechende steuerliche Freistellung *aller* Pflicht-Abgaben zur gesetzlichen Rentenversicherung. In welchem Umfang diese Pflicht-Abgaben Steuercharakter haben und zumindest in diesem Umfang von der Steuer freigestellt werden müssen, ist deshalb unbeachtlich und muss nicht weiter erhoben werden. Die Entscheidung des Bundesverfassungsgerichts in Kombination mit dem Beschluss der Bundesregierung für die Riester-Rente erzwingt also die Freistellung aller Pflicht-Abgaben zur gesetzlichen Rentenversicherung, auch wenn sie keinen Steuercharakter haben.

Wie schon im Abschnitt 4.4 gezeigt, haben aber auch die Pflicht-Abgaben zur gesetzlichen Kranken- und Pflegeversicherung und teilweise auch die zur gesetzlichen Arbeitslosenversicherung Steuercharakter, und müssen deshalb von einer Besteuerung freigestellt werden.

„Damit müssen praktisch alle Zwangs-Abgaben zur gesetzlichen Sozialversicherung bei der Bestimmung der Lohnsteuer vom Brutto-Lohn abgezogen werden können," teilt der (wie meist etwas abgehetzt in die Vorlesung stürzende) Professor seinen Studenten mit. „Dies verursacht Steuerausfälle von gut 20 Mrd. € pro Jahr, die angeblich nicht zu finanzieren sind. Die Riester-Rente kostet aber nach Vollausbau ab 2008 auch 10 Mrd. € pro Jahr zuzüglich der enormen Verwaltungskosten. Die unnötigen Steuergeschenke an die Konzerne (vgl. Kapitel 1 und 3) führen mindestens zu weiteren 10 Mrd. € Steuerausfällen pro Jahr. Es fehlt offensichtlich nicht an Geld, sondern am politischen Wollen." Die Studenten, an solche demagogischen Ausfälle gegen die von ihnen mit klarer Mehrheit gewählte Bundesregierung schon gewöhnt, reagieren ganz locker: „Erstens hätte eine andere Regierung den Konzernen alles gegeben und zweitens sagen Sie doch selbst immer, dass wir uns später von der gesetzlichen Rente höchstens noch ein Bier ohne Schweinebraten leisten können. Da ist es doch gut, dass wir vom Staat Unterstützung für eine private Rente bekommen. Und wenn stattdessen, wie von Ihnen vorgeschlagen, kleine Löhne weniger Beiträge zur Sozialversicherung bezahlen müssen, können die Beitragssätze für uns angebliche Besserverdiener umso leichter erhöht werden, und wir sind wie immer die Angeschmierten."

Es wird deutlich: Nur mit einer Reform der Einnahmeseite der Sozialversicherung ist es nicht getan, auch die Leistungen benötigen eine für jeden Beitragszahler leicht durchschaubare und zukunftssichere Struktur.

Wer das langfristig sehr sinnvolle Umlagesystem grundsätzlich als zentrale Säule der allgemeinen sozialen Absicherung erhalten will, sollte mithelfen, das derzeitige deutsche Sozialversicherungssystem schrittweise in zwei voneinander strikt getrennte Teilsysteme überzuführen, die *beide* im Umlageverfahren finanziert werden sollten:

- aus Steuern bezahlte Grundsicherung für Krankheit und Alter und

- aus Pflichtabgaben bezahlte Zusatzsicherung für das Alter, wobei hier, ähnlich wie bei privaten Lebensversicherungen, das Prinzip verankert werden muss: Wer heute doppelt einbezahlt, bekommt später doppelt heraus.

Die Alternative ist eine viel stärkere Kapitaldeckung der zukünftigen Renten, wobei die Rentner abhängiger werden von den risikobehafteten Erträgen des investierten Kapitals. Vielfach handelt es sich dabei um Wettgewinne an den Börsen, die in diesem Fall als amtlich lizenzierte Spielcasinos fungieren. Ein gut verdienender Professor oder Wirtschaftsberater mag für solche Wetten Sympathie empfinden, die Finanzdienstleister mögen diese Wetten nach der modernsten Volkswirtschafstheorie organisieren, für die breite Basis der Normalrentner sollten aber ‚Investitionen' in ein derartiges System nur auf ausdrücklichen individuellen Wunsch Teil der Altersversorgung werden.

Nur ein Umlagesystem garantiert dem Rentner Sicherheit bei Systembrüchen von Gesellschaft und Wirtschaft, bei einer weitgehenden Kapitaldeckung stehen die Rentner dann vor dem Nichts. Der Solidaritätsgedanke sollte hier allerdings zukünftig nur noch für die Grundsicherung gelten, die Zusatzsicherung sollte wie eine Lebensversicherung organisiert sein, nur eben nicht kapital- sondern umlagegedeckt.

Aber das werden wir in unserem nächsten ‚Bestseller' noch genauer erläutern ... .

### 6.5 Verfassungskonforme Begrenzung der Belastungen für ‚Kleine' und für ‚Große'

Selbst nach Berücksichtigung des Existenzminimums durch einen Grundfreibetrag bei den Arbeitnehmer-Beiträgen zur Sozialversicherung und ihrer vollen steuerlichen Absetzbarkeit liegt die Belastung im gesamten Bereich von 1.000 € bis 5.500 € Lohnkosten (entsprechend rund 800 € bis 4.500 € Brutto-Lohn) bei bis zu 60%. Ab dem sozialversicherungsfreien Bereich von 6.000 € (entsprechend rund 5.000 € Brutto-Lohn) sinkt die Spitzenbelastung nominell auf den Spitzensteuersatz der Einkommensteuer von 50% in 2002 (ab 2005 nur noch 45% inkl. Solidaritätszuschlag), in der Praxis aber, wegen der vielfältigen Möglichkeiten von Steuervermeidung für hohe Einkommen, wird dieser Wert meist unterschritten. Dies gibt Anlass, nach Instrumenten zu suchen, mit denen die offensichtlich als unfair empfundene und volkswirtschaftlich schädliche Belastung der großen Bevölkerungsmehrheit, nämlich der abhängig Beschäftigten mit Bruttolöhnen zwischen 1.500 € und 4.000 €, gesenkt werden kann.

Im Abschnitt 4.4 wurde gezeigt, dass ein wesentlicher Teil der Sozialabgaben, nämlich die Abgaben zur Kranken- und Pflegeversicherung ganz und teilweise auch zur Arbeitslosenversicherung, in jedem Fall Steuercharakter haben. Aber auch ein Teil der Beiträge zur Rentenversicherung ist steuerartig, soweit er nämlich dem Einzahler erheblich weniger Leistungen erbringen würde als er bei privater Absicherung erhielte. Über die in den vorherigen Abschnitten 6.2 und 6.3 diskutierte Aufhebung der Doppelbelastung der Arbeitnehmereinkommen dürfte es deshalb eigentlich keine Kontroverse geben: Ein beträchtlicher Anteil der gesamten Sozialabgaben stellt eine derzeit nur von den abhängig Beschäftigten und deren Arbeitgeber zu tragende allgemeine (Sozial-)Steuer dar, zu der in Zukunft alle, die Einkommen in Deutschland erzielen, herangezogen werden sollten.

Ob der verbleibende Anteil der Sozialabgaben, der den Charakter einer Pflichtversicherung mit entsprechenden individuellen Gegenleistungen vor allem für Berufsunfähigkeit und Altersrente trägt, bei der Bestimmung der Lohnsteuer berücksichtigt werden sollte, das liegt zweifellos in der politischen Entscheidungsbefugnis des Parlaments. Selbst wenn dieser Anteil unberücksichtigt bleibt, also von den in Abbildung 4 gezeigten Belastungen abgezogen wird, liegen die verbleibenden Spitzenbelastungen immer noch deutlich über dem Spitzensteuersatz für große Einkommen von 42% ab 2005 (zuzüglich Solidaritätszuschlag). Dies ist unfair und widerspricht den Vorgaben des Bundesverfassungsgerichts, niedrigere Einkommen nicht stärker zu belasten als höhere (Progressionsgebot). Zudem hat das Bundesverfassungsgericht in seiner Entscheidung von 1995 zur Vermögensteuer angemahnt, dass der öffentlichen Hand insgesamt durch Einkommensteuer und Vermögensteuer höchstens die Hälfte zustehen dürfe (sog. Halbteilungsgrundsatz „in der Nähe der hälftigen Teilung"); wenn steuerähnliche Abgaben hier berücksichtigt werden, so wird dieser Halbteilungsgrundsatz für viele mittlere Lohneinkommen verletzt.

Die Einhaltung dieser verfassungsgerichtlichen Vorgaben sollten durch eine im Prinzip sehr einfache Maßnahme sichergestellt werden: eine generelle Höchstbelastungsgrenze, etwa in Höhe des zukünftigen Spitzensteuersatzes von 42%, die dafür sorgt, dass die Spitzenbelastung und damit auch die Durchschnittsbelastung durch Steuern und steuerähnliche Abgaben für jeden Bürger unter 42% bleiben; Progressionsgebot und Halbteilungsgrundsatz werden so sicher eingehalten.

Durch die Höchstbelastungsgrenze begünstigt werden sollten nur diejenigen Steuerzahler, deren tatsächlich bezahlte Steuern und steuerähnliche Abgaben die Höchstbelastungsgrenze übersteigt, nicht etwa die Steuerzahler, die theoretisch die Höchstbelastungsgrenze überschreiten könnten. Weitere Senkungen von Steuersätzen sind also nicht erforderlich. Vielmehr könnten zuviel bezahlte Steuern bei der Einkommensteuererklärung rückerstattet werden. Wegen der drastischen Senkung des Spitzensteuersatzes von 53% in 1999 auf 42% ab 2005 und der Aussetzung der (bis 1996 zusätzlich zu bezahlenden) Vermögensteuer wird bei höheren Einkommen das Halbteilungsgebot ohnehin erfüllt.

Die CDU-Bundestagsfraktion hat im Februar 2002 eine Begrenzung der Belastungen gefordert und erklärt, dass die zukünftige Belastung des Brutto-Lohns durch Steuern und den Arbeitnehmer-Beitrag der Sozialabgaben immer unter 50% liegen soll. Hierfür sollen die Steuersätze derart gesenkt werden, dass die Gesamtbelastung immer unter 50% liegt. Bei diesem grundsätzlich begrüßenswerten Vorschlag sollte allerdings sichergestellt werden, dass nur die übermäßig belasteten sozialversicherungspflichtigen Löhne und nicht auch Einkommen begünstigt werden, deren tatsächliche Grenzbelastung bereits heute deutlich unter 50% liegt. Übrigens gibt es seit langem in der Schweiz eine Höchstbelastungsgrenze von ca. 40%, allerdings nur für die Summe aus Vermögen- und Einkommensteuer.

Der Vorschlag einer Höchstbelastungsgrenze steht nun allerdings in engem Zusammenhang mit dem Konzept einer Mindest-Besteuerung von hohen Einkommen, wie es in den nachfolgenden Kapiteln entwickelt wird. Damit würde sichergestellt, dass die tatsächlich bezahlten Steuern und Abgaben für jeden Steuerpflichtigen in dem Band zwischen Mindest-Steuer und Höchstbelastungsgrenze liegen. Falls gewünscht, könnte die Höchstbelastungsgrenze – statt für alle Einkommen einheitlich – für kleinere Einkommen niedriger angesetzt werden.

# Warum Mindest-Besteuerung für hohe Einkommen und Vermögen?

## Von MdB Dr. Barbara HÖLL

Mitglied des Finanzausschusses des Deutschen Bundestags,
finanzpolitische Sprecherin der PDS-Bundestagsfraktion

Hauptziel der Mindest-Besteuerung für hohe Einkommen und Vermögen ist es, die vielfältigen steuerlichen Gestaltungsmöglichkeiten hinsichtlich ihrer Höhe und Entlastungswirkungen zu begrenzen. Es handelt sich dabei nicht um einen Mindestbeitrag, den jeder Steuerpflichtige zu zahlen hat. Vielmehr geht es bei der Mindest-Besteuerung um ein Gesamtsystem von Maßnahmen, durch die verhindert werden soll, dass höhere und hohe Einkommensbezieher ihre Einkommen gegen Null rechnen und sich damit dem Fiskus entziehen.

### *Ist es nicht sinnvoller, die Bemessungsgrundlage zu erweitern?*

Diese Frage impliziert ein Entweder-Oder:

- Entweder Erweiterung der Bemessungsgrundlage durch die Streichung von Gestaltungsmöglichkeiten.

- Oder Begrenzung der Entlastungswirkungen durch eine Mindest-Besteuerung.

Meines Erachtens stellt sich diese Frage so jedoch nicht zwangsläufig. Warum nicht?

### *Steuervergünstigungen haben verschiedene Ursachen*

*Beispiel Zinsbesteuerung*: Zahlreiche Unternehmen im Inland lassen sich durch internationale Finanzierungsgesellschaften finanzieren. Der

Grund: Für das bereitgestellte Fremdkapital fallen Schuldzinsen an, die im Inland den Gewinn und damit die Steuerlast mindern. Die Finanzierungsgesellschaften haben gleichzeitig ihren Sitz in den Staaten, in denen die entsprechenden Zinserträge geringer besteuert werden, ähnliches gilt für die Zahlung von Lizenzgebühren inländischer an ausländische Firmen. Zwar hat sich der Gesetzgeber bereits in der Vergangenheit bemüht, solchen Konstrukten einen Riegel vorzuschieben, allerdings sind diese Einzelfall-Regelungen höchst kompliziert und greifen nachweislich kaum. Da es aber unmöglich ist, anderen Staaten einen bestimmten Steuersatz für die Zinsbesteuerung vorzuschreiben, und die internationale Harmonisierung der Besteuerung ein langwieriger Prozess ist, sind kurz- und mittelfristige Lösungen auf nationaler Ebene nötig, und, wie die Autoren zeigen, auch möglich.

*Beispiel Werbungskosten*: Über zahlreiche Gestaltungsmöglichkeiten gibt es eine lange Diskussion, ob und inwieweit diese ihre Berechtigung haben. Dies trifft auf einen großen Bereich der Werbungskosten bzw. Betriebsausgaben zu, so z.B. Fahrten zwischen Wohnort und Arbeitsstätte, doppelte Haushaltsführung oder Arbeitszimmer. Diese haben eine *Mischfunktion*, sind sowohl beruflich bzw. betrieblich (damit steuermindernd absetzbar) als auch privat (nicht absetzbar) veranlasst. Es existieren verschiedene Wege, die private Veranlassung der Gestaltungsmöglichkeiten auszuschließen:

- Die Absetzbarkeit kann strenger gefasst werden (Beispiel: Arbeitszimmer). Dies verkompliziert jedoch das Steuerrecht enorm.

- Die Absetzbarkeit kann gänzlich gestrichen werden. Damit wird einerseits ihre auch berufliche Veranlassung ignoriert. Andererseits eröffnen sich verteilungspolitische Probleme, da durch die Streichung von Abzugsbeträgen auch Steuerpflichtige mit niedrigen und mittleren Einkommen negativ betroffen sind.

Vor dem Hintergrund dessen, dass vor allem hohe und höhere Einkommen an steuerlichen Gestaltungsmöglichkeiten partizipieren, ist eine Begrenzung ihrer Vorteile meines Erachtens eine sinnvolle Lösung. Dies kann durch eine Mindest-Besteuerung realisiert werden.

## Politik ist immer interessengeleitet

Die Diskussion über die Verbreiterung der Bemessungsgrundlage (bei gleichzeitiger Senkung des Steuertarifs) ist – in Wissenschaft und Politik – viele Jahre alt. Die Realität aber ist: Der Steuertarif (bei Einkommen- und Körperschaftsteuer) erfährt seit Jahren eine radikale Senkung, indes die Bemessungsgrundlage nur unwesentlich verbreitert wurde. Zum Teil wurden sogar neue Steuerbefreiungen installiert.

Ein Beispiel dafür ist die Lafontaine'sche Steuerreform 1999/2000: Zu Beginn der Regierung Schröder sollte eine ganze Reihe von steuerlichen Gestaltungsmöglichkeiten gestrichen werden. Aufgrund politischen Drucks verschiedener Lobbyverbände, aber auch der Regierungsparteien, konnte von den ursprünglichen Vorschlägen nicht sehr viel umgesetzt werden, und davon wurde einiges im Jahr 2000 durch den neuen Finanzminister Hans Eichel wieder ‚kassiert'.

Von dieser Politik ist natürlich auch die PDS nicht frei. So fänden derzeit z.B. die Abschaffung der Eigenheimzulage, des Sparerfreibetrages oder der Steuerfreiheit für Nacht- und Feiertagszuschläge (alles Subventionstatbestände) wohl keine Mehrheit – nicht bei der PDS, aber auch nicht bei den anderen Parteien und bei der überwiegenden Mehrzahl der Wähler.

Dies zeigt, dass die Verbreiterung der steuerlichen Bemessungsgrundlage durch Abschaffung *aller* Vergünstigungen zwar ein weiter zu verfolgendes, aber kurz- und mittelfristig nicht erreichbares Ziel ist. Die bereits 1999 erfolgte Begrenzung der Verrechnung von Verlusten, insbesondere aus Vermietung und Verpachtung mit anderem positiven Einkommen, vermindert die Steuervermeidung – allerdings in höchst unsystematischer Weise und nur für Privatpersonen – und ist ein erster Schritt zur Mindest-Besteuerung hoher Einkommen und Vermögen.

Vor diesem Hintergrund ist die Einführung einer systematischen Mindest-Besteuerung für hohe Einkommen und Vermögen sinnvoll, da so die Entlastungswirkungen von steuerlichen Gestaltungsmöglichkeiten für alle höheren und hohen Einkommen gekappt und die Steuereinnahmen des Fiskus gesichert werden. Darüber hinaus kann die Mindest-Besteuerung auch ein Weg sein, Gestaltungsmöglichkeiten abzubauen: Wenn so die Steuererstattungen allgemein begrenzt werden, sinkt das Interesse an den entsprechenden Subventionstatbeständen.

# Teil III Mindest-Besteuerung von hohen Einkommen und Vermögen

In Anlehnung an die Mindest-Besteuerung in den USA sollen sich die steuerlichen Bemessungsgrundlagen stärker am tatsächlichen Einkommen orientieren. Das heute angewandte Besteuerungsverfahren erlaubt es, auch solche Aufwendungen vom tatsächlichen Einkommen abzuziehen, die keineswegs zwingend zur Erzielung des Einkommens erforderlich sind, wohl aber zur Steuervermeidung. Das führt zu dem bereits in Abschnitt 3.2 gezeigten absurden Auseinanderklaffen von nominell festgesetzten Steuersätzen und tatsächlich bezahlten Steuern auf Einkommen aus Unternehmertätigkeit und Vermögen. Es stellt sich auch die Frage, ob die durch gezielte Steuergeschenke bewirkte Investitionslenkung der Volkswirtschaft tatsächlich nutzt oder nicht häufig zu Fehlinvestitionen führt?

- Konzerne – z.B. DaimlerChrysler – können alle Buch-Verluste von ausländischen Betriebsstätten mit dem realen inländischen Gewinn steuermindernd verrechnen. Die nominellen Verluste einer Betriebsstätte in Detroit haben mit der Erzielung des Unternehmenseinkommens der Muttergesellschaft in Stuttgart aber wenig zu tun. Solche Steuervergünstigungen bewirken vor allem, dass es lukrativer wird, im Ausland Risiken einzugehen als im heimischen Betrieb zu investieren. Der deutsche Lohnsteuerzahler muss das Mehr erbringen, das DaimlerChrysler weniger bezahlt, und darf so dazu beitragen, einen angeschlagenen amerikanischen Automobilhersteller zu sanieren.

- Gut verdienende Selbständige – folgen wir dem Klischee und nehmen beispielsweise einen Zahnarzt in Regensburg – können durch den Erwerb von Schiffsbeteiligungen sowohl ihr Nettoeinkommen als auch das Auftragsvolumen ostdeutscher Schiffswerften erhöhen. Es bleibt unerfindlich, was Schiffsbau in Rostock mit Zahnersatz in Regensburg zu tun hat. Die Verbindung liegt offenbar nicht in der Erzielung des

Einkommens, sondern in seiner Verausgabung: Der Staat lockt den Zahnarzt mit Steuervorteilen auf das ihm gänzlich unvertraute stürmische Meer der Weltschifffahrt mit dem hehren Ziel, Arbeitsplätze in Rostock zu erhalten. Unterm Strich hat sich gezeigt, dass die einzig wirklichen Profiteure die Geldinstitute in Hamburg sind, die solche Schiffsbeteiligungen organisieren, und die internationalen Konzerne, die vorübergehend z.b. den Bau von Kreuzfahrtschiffen in die so subventionierten Betriebsstätten verlegen. Sobald die Subventionen entfallen, werden die Arbeitsplätze abgebaut.

• Ein Schreinermeister in Dinkelsbühl kann aus Betriebsmitteln einen neuen Porsche kaufen, für dessen private Nutzung er pro Monat pauschal 1% des Kaufpreises versteuern muss, was etwa den laufenden Betriebskosten des Fahrzeugs entspricht (Versicherung, Steuer, Benzin, Wartung, Garage etc.). Darüber hinaus kann er den Kaufpreis als Betriebsausgabe geltend machen genauso wie den Kaufpreis einer neuen Hobelmaschine, die allerdings unmittelbar etwas mit seinem Betrieb zu tun hat. Es geht wohlbemerkt nicht darum, dass wir dem hart arbeitenden Meister dieses vorzügliche Auto nicht gönnen, problematisch ist nur, dass steuerlich sein Privatvergnügen ähnlich behandelt wird wie eine Investition in die längerfristige Sicherung seines Betriebs. Durch solche Steuergeschenke werden Arbeitsplätze bei der Porsche AG in Stuttgart subventioniert, aber gleichzeitig der Anreiz für Investitionen vermindert, die der Sicherung von Arbeitsplätzen in kleinen mittelständischen Betrieben wie bei der genannten Schreinerei dienen.

Es kommt hinzu, dass hinsichtlich der Berechnung des steuerlichen Einkommens des Schreinermeisters beim Porsche von einer Lebensdauer von 6 Jahren ausgegangen wird und deshalb jedes Jahr ein Sechstel des Kaufpreises abgeschrieben, also vom Bruttoeinkommen abgezogen werden kann; nur wenn es stimmt, dass die Mehrzahl der Porsche vorzeitig an Alleebäumen enden, entsprechen 6 Jahre Abschreibungsfrist vielleicht der tatsächlichen Lebensdauer. Bei der Hobelmaschine hingegen wird von 16 Jahren Lebensdauer ausgegangen, deshalb kann der Schreinermeister hiefür nur 6,25% der Anschaffungskosten pro Jahr von seinem Bruttoeinkommen abziehen.

- Die großen leer stehenden Büroflächen in den neuen Bundesländern sind ein weiteres Beispiel für die Kapitalvernichtung durch Steuergeschenke. Der Staat wollte nicht selbst investieren, sondern hat etwa Röntgenologen in Würzburg durch massive Steuervergünstigungen dazu verleitet, sich im nahe liegenden Thüringen am Bau großer Gewerbeobjekte zu beteiligen. Dies ist ein Gewerbe, dessen Risiken Röntgenologen, obwohl eigentlich Fachleute für verdeckte Schäden, nicht abschätzen konnten. Aber warum sollten von Steuerspargier besessene Ortsfremde bessere Investoren sein als der Staat?
  Zukünftig sollte der Staat Erfolgsprämien für solche Investoren aussetzen, die vermietete Büros und Ladenflächen nachweisen können, z.B. weil sie eine genaue Kenntnis der Situation vor Ort besitzen. Der garantierte Einspeisepreis für erneuerbare Energien statt Investitionszuschüssen für die Anlagen ist ein Beispiel für ein derartiges Erfolgsprämien-Modell.

Durch viele dieser Steuervergünstigungen werden gut verdienende Selbständige zu Käufen verleitet, die im besseren Fall ihrem Privatvergnügen dienen, im schlechteren Fall aber nur ihr Vermögen verringern. Die Anbieter von Luxusprodukten wie Kreuzfahrt-Dampfern oder 100.000-€-Autos aber profitieren auf alle Fälle: Der Staat unterstützt ihren Absatz, indem er auf Steuereinnahmen verzichtet. Das wird von der Industrie natürlich nicht als planwirtschaftliche Subvention angeprangert. Nein, Herr Wedekind, der Vorstandsvorsitzende der Porsche AG, kann stolz erklären, seine Firma lehne Subventionen, z.B. auch für das Werk in Leipzig, strikt ab.

Die in Teil III dieses Buches vorgestellte Mindest-Besteuerung von persönlichem Einkommen, Unternehmensgewinnen und Vermögen könnte all diese Unsinnigkeiten zwar nicht gänzlich abschaffen, sie aber zumindest begrenzen.

Wir haben schon in den 90er Jahren immer wieder Teilaspekte der Mindest-Besteuerung erarbeitet und veröffentlicht, siehe u.a. [Jarass, Mindest-Steuer, 1996], [Jarass, Vermögensteuer, 1996], [Jarass/Obermair, Staatsdefizit, 1997], [Jarass, Schlupflöcher, 1998]. 2001 wurden diese Überlegungen in einem Gutachten für die PDS-Bundestagsfraktion systematisch zusammengestellt. Wir bedanken uns bei Daniela Trochowski und Klaus Weise, wissenschaftliche Mitarbeiter der PDS Bundestagsfraktion in Berlin, für eine Reihe von wertvollen Hinweisen und Verbesserungsvorschlägen.

In den folgenden Kapiteln werden die Grundsätze einer Mindest-Besteuerung von hohen Einkommen und Vermögen systematisch entwickelt und konkrete Maßnahmen für eine Umsetzung in Deutschland vorgestellt:

- Kapitel 7 zeigt die drei meistgenutzten Möglichkeiten für Steuervermeidung und Steuerflucht;

- in Kapitel 8 wird das erfolgreiche System der Mindest-Besteuerung in den USA erläutert sowie erste Ansätze einer Mindest-Besteuerung in Deutschland dargestellt;

- Kapitel 9 und 10 enthalten die Vorschläge für eine systematische Mindest-Besteuerung von hohen Einkommen und großen Vermögen.

Durch diese Wiederherstellung der Besteuerung des tatsächlichen Einkommens könnten die in Kapitel 6 vorgeschlagenen Begrenzungen der Belastungen zumindest in Teilen gegenfinanziert werden.

# 7 Die drei meistgenutzten Möglichkeiten für Steuervermeidung und Steuerflucht

Wir kommen zurück zu den Ergebnissen von Kapitel 3 – tarifliche Steuersätze und tatsächlich bezahlte Steuersätze klaffen in Deutschland zum Teil weit auseinander:

- Für Löhne bleiben in Deutschland die nominell festgelegten Sätze nur wenig hinter den tatsächlich bezahlten zurück (vgl. Abschnitt 3.1).

- Für Einkommen auf Unternehmertätigkeit und Vermögen dagegen liegen nominelle und bezahlte Sätze im Durchschnitt weit auseinander (vgl. Abschnitt 3.2). Kleine mittelständische Unternehmen, die nach wie vor den Großteil der Arbeitsplätze schaffen, sind jedoch auch heute in der Regel höher belastet (wenn auch deutlich niedriger als der typische Arbeitnehmer), während internationale Konzerne fast keine Steuern bezahlen.

  Weiterhin wird Eigenkapital, das doch für das Überleben des Unternehmens gerade in stürmischen Zeiten von entscheidender Bedeutung ist, deutlich höher besteuert als Fremdkapital, insbesondere wenn dieses auf dem internationalen Kapitalmarkt aufgenommen wird. Auch dies ist eine Form von staatlicher Investitionslenkung: Die Begünstigung von internationalem Finanzkapital soll zusätzliche Arbeitsplätze in Deutschland schaffen, in Wirklichkeit wird dadurch der Mittelstand unfairer Konkurrenz ausgesetzt und die Volkswirtschaft künstlich abhängig gemacht von weltweiten Wirtschaftswellen.

In Folge dieser Entwicklungen stehen dem Fiskus zur Abdeckung der Staatsaufgaben heute überwiegend nur noch solche Einnahmequellen zur Verfügung, die vor allem von den Lohnabhängigen gespeist werden, nämlich über Lohnsteuer, Mehrwertsteuer, Verbrauchssteuern (z.B. auf Benzin oder Tabak) und Sozialabgaben. Viele Arbeitgeber, vor allem die großen Kapitalgesellschaften, tragen damit nur noch über den Arbeitgeber-Anteil der Sozialabgaben zum Gemeinwesen bei.

Das Auseinanderklaffen von tariflichen und tatsächlich bezahlten Steuersätzen wird vor allem durch die folgenden drei Maßnahmen ermöglicht:

- künstliche Verringerung der Bemessungsgrundlage für die Einkommensberechnung;

- defizitäre Besteuerung von Vermögen und deren Wertsteigerungen;

- formale Verlagerung der Steuer-Bemessungsgrundlage ins Ausland.

## 7.1 Künstliche Verringerung der Bemessungsgrundlage bei hohen Einkommen

Beziehern von hohen Einkommen und ertragsstarken Unternehmen ist es in Deutschland vielfach ganz legal möglich, ihr zu versteuerndes Einkommen und damit ihre reale Steuerlast auf sehr niedrige Werte herunterzurechnen, indem fiktive Kosten (insbesondere durch dauerhafte Sonderabschreibungen) erzeugt und mit realen Erträgen verrechnet werden können. In allen Fällen sind die legalen Möglichkeiten zu dieser Steuervermeidung von deutschen Bundesregierungen unter dem Druck entsprechender Lobbys geschaffen oder zumindest nicht verhindert worden.

*Ein Beispiel: Absetzbarkeit von Kosten, obwohl Erträge steuerfrei sind*

Ein sehr einleuchtendes Grundprinzip des deutschen Steuerrechts (gültig auch in den meisten anderen Ländern) ist, dass bei steuerfreien Einnahmen die zu ihrer Erzielung aufgewendeten Kosten nicht von der Steuer abgesetzt werden dürfen. Der Steuerzahler kann entsprechend diesem Prinzip die für eine eigengenutzte Wohnung zu zahlenden Schuldzinsen nicht bei der Steuer geltend machen, weil die Wohnungsnutzung als steuerfreier Ertrag behandelt wird.

Anders ist es, wenn eine Firma mit Sitz in Deutschland eine ausländische Kapitalgesellschaft erwirbt. Sie kann alle damit zusammenhängenden Kosten wie etwa Schuldzinsen für den Kaufpreis, Verwaltung der Gesellschaft etc. in Deutschland von der Steuer absetzen, obwohl 95% der Erträge als Dividenden in Deutschland ohne steuerliche Belastung vereinnahmt werden können. Damit werden nicht nur beim ausländischen Unternehmen alle Kosten der Gewinnerzielung steuerlich berücksichtigt, sondern zusätzlich beim inländischen Eigentümer die Kosten des Erwerbs und der Verwaltung. Es werden hierfür vom Gesetzgeber ein steuerpolitisches und ein industriepolitisches Argument vorgebracht:

- Die Dividenden seien schon beim ausschüttenden Unternehmen vorbelastet und deshalb eigentlich gar nicht richtig steuerfrei. In vielen Fällen trifft dies aber gerade *nicht* zu: Bevorzugt werden solche Erwerbungen ja gerade in den Ländern getätigt, die Unternehmensgewinn wie auch ausgeschüttete Dividenden niedrig besteuern.

- Einheimische Arbeitsplätze würden durch ausländische Beteiligungen zusätzlich abgesichert. Der wachsenden Globalisierung könne auf diese Weise am besten Rechnung getragen werden. Zahlreiche Erfahrungen zeigen aber, dass dieses Argument nicht gerechtfertigt ist, vielmehr wird in Wirklichkeit nur die Schaffung von Arbeitsplätzen im Ausland gegenüber der im Inland weiter verbilligt.

Ein Beispiel für das desaströse Ergebnis: Die Deutsche Pfandbriefanstalt (DEPFA) in Wiesbaden verlegt in 2002 das Kreditgeschäft nach Irland, weil dort die Erträge nur mit 12,5% (ab 2003) und nicht wie in Deutschland mit ca. 40% belastet werden; in Wiesbaden gehen dadurch einige Hundert Arbeitsplätze und einer der größten Gewerbesteuerzahler verloren. Die DEPFA kann alle Kosten der Arbeitsplatzverlegung nach Irland inkl. aller Finanzierungskosten für den Kauf der erforderlichen irischen Banken *in Deutschland* als Kosten geltend machen. Damit subventioniert der deutsche Lohnsteuerzahler den Export von Arbeitsplätzen in Niedrigsteuerländer, angeblich, um damit seinen eigenen Arbeitsplatz sicherer zu machen. Die in Irland erwirtschafteten Erträge können nach Deutschland transferiert werden, wo sie nur mit maximal 5% besteuert werden.

## 7.2 Defizitäre Besteuerung von Vermögen und deren Wertsteigerungen

Seit 1997 ist die Vermögensteuer in Deutschland ausgesetzt. Schon lange vorher war sie als ‚Substanzsteuer' bekämpft und als verfassungswidrig bezeichnet worden, da sie – als Sollertragsteuer – nicht nur tatsächlich zugeflossene, sondern – wie die Grundsteuer – *mögliche* Erträge erfasst. Schließlich musste das Bundesverfassungsgericht hierzu Stellung nehmen und hat 1995 eine Sollertragsteuer wie die Vermögensteuer ausdrücklich als verfassungsgemäß erklärt, allerdings die Ungleichbehandlung von Immobilien- und Geldvermögen gerügt. Die damalige Bundesregierung kehrte jedoch den Tenor dieses Urteils publikumswirksam in sein Gegenteil um: Die Vermögensteuer könne überhaupt nicht mehr erhoben werden, weil sie vom Bundesverfassungsgerichts für verfassungswidrig erklärt worden sei.

Das Bundesverfassungsgericht hat in seinem Urteil aber nur die Ungleichbehandlung von (niedrig bewerteten) Immobilien und (marktnäher bewertetem) anderem Vermögen gerügt. Zudem hat es angemahnt, dass der öffentlichen Hand insgesamt durch Einkommensteuer und Vermögensteuer vom typischen Ertrag höchstens „in der Nähe der hälftigen Teilung" zustehe (sog. ‚Halbteilungsgrundsatz').

Nachdem schon bis 1997 die tatsächlich bezahlte Vermögensteuer weniger als 1 Promille der Vermögen betrug, wird sie seit 1997 überhaupt nicht mehr erhoben. Damit bleiben Vermögen, deren Ertrag nicht in laufenden Zahlungen besteht, dauerhaft steuerfrei. Gerade auch deshalb hat Deutschland im internationalen Vergleich eine außerordentlich niedrige Steuerbelastung von Einkommen aus Unternehmertätigkeit und Vermögen (vgl. Abbildung 2).

Wertsteigerungen sind in Deutschland zwar grundsätzlich mit den normalen Steuersätzen steuerpflichtig; es werden aber nur durch Verkauf realisierte Wertsteigerungen besteuert. Nur wer also etwas verkauft, muss das bisher unbesteuerte Vermögen (‚stille Reserven') aufdecken und grundsätzlich zum vollen Steuersatz versteuern: Wer sich bewegt, verliert. So wird in Deutschland durch das Steuersystem grundsätzlich aktives Tun bestraft und simples Haben begünstigt. Um dies abzumildern gibt es eine Vielzahl von Einzelverordnungen, die eine Besteuerung von bisher unbesteuerten Vermögen bei wirtschaftlichen Umstrukturierungen auf später verschieben. Dies führt zu dauerhaft hohen unbesteuerten Vermögen und deshalb zu einem unfairen und nicht sachgerechten Steuerrecht.

Eine der besonders negativen volkswirtschaftlichen Folgen ist die resultierende künstliche Verknappung von Bauland, da auch bei ständig steigendem Wert Bauland in der Regel beliebig lang fast steuerfrei unbebaut belassen werden kann, was das Baulandangebot künstlich verknappt und zu weiteren Preissteigerungen führt. Es handelt sich in diesem Fall also um negative Investitionslenkung, nämlich Investitionsbremsung, durch verfehlte Steuerpolitik.

## 7.3 Künstliche Verlagerung der Steuer-Bemessungsgrundlage ins Ausland

Hier spielt das *Steuerdumping* eine wesentliche Rolle – eine Form von unfairem Steuerwettbewerb zwischen Nationalstaaten, der langfristig für alle größeren EU-Staaten ruinös ist. In rapid wachsendem Umfang können nämlich ganz legal die in einem Land erwirtschafteten Erträge dort steuerfrei gestellt werden, indem sie steuertechnisch in ein anderes Land verschoben werden, welches solche Erträge steuerlich niedrig belastet. So können vor allem große, international tätige Unternehmen auf legale Weise einen wachsenden Anteil ihrer deutschen Wertschöpfung der Besteuerung in Deutschland entziehen. Grundlage für diese Steuervermeidung ist, dass sie in Deutschland erwirtschaftete und als Kosten von der Steuer abgezogene Schuldzinsen quellensteuerfrei an ausländische Gläubiger ausschütten können. Dies geschieht, indem sie z.B. das Eigenkapital aus dem deutschen Unternehmen herausziehen und in ein steuergünstiges Sitzland verlegen (z.B. in die Niederlande mit 6% Steuern auf bestimmte Kapitalerträge oder Irland mit 12,5% Steuern ab 2003 auf alle Kapitalerträge, fast 0% in Steuerparadiesen) und so die deutschen Töchter über den internationalen Kapitalmarkt mit Fremdkapital versorgen.

Ein Beispiel: Es wird eine sogenannte Holding-Gesellschaft in Dublin oder Rotterdam gegründet, dazu braucht man lediglich eine Büroadresse und einen Briefkasten. Die weiterhin in Deutschland produzierenden Firmen werden dann als Töchter dieser Holding geführt, transferieren ihr Eigenkapital an die Holding und refinanzieren sich am internationalen Kapitalmarkt. Die Holding legt ihr Eigenkapital ebenfalls am internationalen Kapitalmarkt an. Das Ergebnis: Bisher wurden von der deutschen Firma in Deutschland Gewinne ausgewiesen und mit 40% versteuert; nach Gründung der Holding wird der Gewinn und damit die in Deutschland bezahlten Steuern durch die Zinszahlungen an die ausländischen Gläubiger geschmälert. Die ausländischen Gläubiger versteuern ihre empfangenen Zinsen ganz legal in Niedrigsteuerländern. Insgesamt wird so die Steuerlast für die Kapitaleigner drastisch reduziert. Durch die Möglichkeit, Schuldzinsen quellensteuerfrei an ausländische Gläubiger zu bezahlen, wird also die Aufnahme von ausländischen Krediten durch eine deutsche Firma gegenüber einer Finanzierung durch Eigenkapital stark privilegiert. Wer mit Eigenkapital in Deutschland investiert und damit das größte Risiko übernimmt, wird in Deutschland mit 40% steuerlich belastet, wer für die gleiche Investition gesicherten Kredit gibt, bleibt in Deutschland unbelastet.

Die Ersetzung von Eigenkapital durch Fremdkapital wird dadurch (und durch die schon im Abschnitt 4.3 beschriebene staatliche Prämie für die Ausschüttung von versteuertem Eigenkapital) massiv begünstigt, was die Widerstandskraft und die Investitionsfähigkeit von Unternehmen schwächt. Letztlich sehen sich immer mehr Unternehmen gezwungen, über kostenaufwendige (Auslands)Finanzierungen einen noch größeren Teil des Kapitalertrags (durch den Ausweis als Schuldzinszahlungen an ausländische Gläubiger) in Deutschland steuerfrei zu stellen.

In den folgenden Kapiteln werden detaillierte Lösungsvorschläge vorgelegt, um zukünftig

- eine faire, d.h. nach Leistungsfähigkeit gestaffelte, Besteuerung sicherzustellen,

- die zudem effizient ist, d.h. wenig Umgehungsmöglichkeiten aufweist, und

- die rationell, d.h. mit vermindertem Verwaltungsaufwand, realisiert werden kann.

Dabei wird nicht auf höchstens langfristig erreichbare internationale Harmonisierungen abgestellt, vielmehr kann und muss Steuervermeidung und Steuerflucht bereits heute in Deutschland mit rein nationalen Maßnahmen bekämpft werden. Für die drei genannten Ursachen:

- künstliche Verringerung der Bemessungsgrundlage,

- defizitäre Besteuerung von Vermögen und

- künstliche Verlagerung der Steuer-Bemessungsgrundlage ins Ausland

werden Maßnahmenbündel vorgeschlagen, begründet und im internationalen Kontext kritisch geprüft.

Die vorgeschlagenen Maßnahmen zur Mindest-Besteuerung von hohen Einkommen (Kap. 8 und 9), von großen Vermögen (nicht Omas kleines Häuschen! Kap. 10) und von in Deutschland erwirtschafteten Schuldzinsen und Lizenzgebühren (Kap. 11) sind nicht alternativ zu sehen, sondern ergänzen sich vielmehr.

# 8 Mindest-Besteuerung von hohen Einkommen

## 8.1 Systematische Mindest-Besteuerung in den USA seit 1986

Vor gut fünfzehn Jahren war die Situation in den USA sehr ähnlich wie heute hierzulande (vgl. Kapitel 1): Von 1982 bis 1985 zahlten 40 große US-Unternehmen – darunter Boeing, der Telefonriese AT&T und der Chemiekonzern Du Pont – bei einem ausgewiesenen Gewinn von insgesamt 60 Mrd. US$ keinen Cent Ertragsteuer; dagegen erhielten sie insgesamt mehr als 2 Mrd. US$ Subventionen. Alle Versuche, Vergünstigungen abzubauen und Steuerschlupflöcher zu schließen, scheiterten am Kartell der Begünstigten.

Das gemeinsame Komitee von Kongress (Bundestag) und Senat (Bundesrat) begründete bereits 1982 die Notwendigkeit einer Mindest-Steuer (‚Alternative Minimum Tax') wie folgt: „Kein Steuerzahler mit einem erheblichen Einkommen sollte zukünftig alle Steuerzahlungen vermeiden können, indem er Steuervergünstigungen, Steuerbefreiungen und Investitionszulagen nutzt. Obwohl derartige Vergünstigungen Anreize für wichtige Ziele darstellen, werden sie kontraproduktiv, wenn einzelne Steuerzahler dadurch alle Steuern vermeiden können, weil dadurch die Akzeptanz des gesamten Steuersystems beeinträchtigt wird und damit letztlich auch die Vergünstigungen in Misskredit geraten" [USA, Mindest-Steuer, 2000].

Einer kleinen gewerkschaftsnahen Organisation, den Washingtoner ‚Citizens for Tax Justice' (Bürger für Steuergerechtigkeit), gelang es, mit einer intelligent geführten Kampagne mehr Steuergerechtigkeit durchzusetzen. Mit Autoaufklebern wie „Ich zahle mehr Einkommensteuern als Du Pont" machten sie Stimmung gegen die Steuerpraxis der Konzerne. Schließlich sah sich Präsident Ronald Reagan gezwungen, die Vorschläge des Kongresskomitees aufzugreifen.

Ab 1986 wurde, zusätzlich zum weiterbestehenden normalen Verfahren der Einkommensteuer, eine Mindest-Besteuerung eingeführt, und zwar auf das tatsächliche Einkommen: Vom Bruttoeinkommen dürfen hier nur die unabdingbar für die Einkommenserzielung erforderlichen Kosten abgezogen werden. Auf das so berechnete breit-basierte Einkommen wird die Mindest-Steuer erhoben:

- Wenn die „normale" Einkommensteuer wegen der dort möglichen Nutzung von Steuervergünstigungen eine niedrigere Steuerbelastung ergibt, muss trotzdem die dann höhere Mindest-Steuer bezahlt werden.

- Wenn allerdings die „normale" Einkommensteuer wegen der höheren Normalsteuersätze eine höhere Steuerbelastung ergibt, muss statt der Mindest-Steuer die in diesem Fall höhere Normalsteuer bezahlt werden.

Die Einführung der Mindest-Steuer war ein großer Erfolg: Schon ein Jahr später überwiesen die 14 bis dahin größten Steuervermeider 3 Mrd. US$ an den Fiskus, insgesamt stiegen die gezahlten Steuern der 250 größten US-Konzerne von 15% auf 27% der Gewinne. Zudem konnte so eine Vielzahl von bis dahin bestehenden höchst komplizierten Teillösungen zur Verringerung der Vergünstigungen abgeschafft werden, so z.B. die seit 1969 geltenden Steuerzuschläge auf Unternehmen und Personen, die besonders hohe Sondervergünstigungen nutzten.

Tabelle 8 zeigt die Steuersätze gemäß der Mindest-Steuer, die auf das ‚tatsächliche Einkommen' ohne Berücksichtigung der in Anspruch genommenen Steuervergünstigungen erhoben wird.

*Tabelle 8  Steuersätze der US Mindest-Steuer in 2000*

| Bemessungsgrundlage der Mindest-Steuer = Tatsächliches Einkommen [US$] | | | | | | |
|---|---|---|---|---|---|---|
| | | 33.750 | 40.000 | 150.000 | 400.000 | 1.000.000 |
| Mindest-Steuer | Ledig max. 28% | 0,0% | 4,1% | 20,2% | 27,1% | 27,7% |
| | Verheiratet max. 28% | 0,0% | 0,0% | 18,3% | 26,8% | 27,7% |
| | Unternehmen max. 20% | 0,0% | 0,0% | 14,7% | 18,0% | 19,2% |

Bei kleinen tatsächlichen Einkommen muss die Mindest-Steuer weder berechnet noch erhoben werden, da hier die Mindest-Steuersätze Null oder nahezu Null sind. Ähnliches gilt aber auch bei vielen größeren tatsächlichen Einkommen: Wenn nur wenige Steuervergünstigungen in Anspruch genommen wurden (und deshalb die Bemessungsgrundlage der Mindest-Steuer, nämlich das tatsächliche Einkommen, nicht wesentlich über der Bemessungsgrundlage der normalen Einkommensteuer liegt), muss die Mindest-Steuer nicht berechnet und erhoben werden, da sie sicher niedriger ist als die normale Einkommensteuer.

Die Mindest-Steuer betrifft also nur diejenigen Steuerpflichtigen mit höherem Einkommen, die durch sehr viele Steuervergünstigungen die Bemessungsgrundlage und den Steuersatz für die Normalsteuer so stark verringern konnten, dass die Normalsteuer niedriger wird als die Mindest-Steuer, die dann in jedem Fall erhoben wird. Die Mindest-Steuer wird also immer nur dann berechnet, wenn der Steuerpflichtige erhebliche Steuervergünstigungen in Anspruch genommen hat und daher zu erwarten ist, dass die Normalsteuer unter der Mindest-Steuer liegen wird.

Zukünftig sollen die Freibeträge bei der amerikanischen Mindest-Steuer inflationsindexiert werden (wie auch bei der normalen Steuer üblich) und die bei der tariflichen Einkommensteuer vorgesehenen persönlichen Freibeträge dauerhaft von der Mindest-Steuer ausgenommen werden. Damit soll sichergestellt werden, dass auch zukünftig nur hohe Einkommen und nicht, wie sonst zu erwarten, mehr und mehr mittlere und kleine Einkommen von der Mindest-Steuer betroffen werden.

Tabelle 9 zeigt die Steuersätze gemäß der normalen Einkommen- und Körperschaftsteuer, die auf das ‚tatsächliche Einkommen‘ abzüglich der in Anspruch genommenen Steuervergünstigungen (also auf das sogenannte ‚zu versteuernde Einkommen‘) erhoben werden.

Ohne Mindest-Steuer hätten viele große Konzerne keine Steuern bezahlt, nur wegen der Mindest-Steuer mussten nach Angaben des Handelsblatts z.B. DaimlerChrysler in den USA 0,6 Mrd. US$ und IBM 1 Mrd. US$ Steuern in 2000/2001 bezahlen. In Deutschland hingegen leistete DaimlerChrysler im Jahr 2001 bei 4,5 Mrd. € für Deutschland ausgewiesenen Gewinn im Wesentlichen nur eine Steuervorauszahlung von rund 0,8 Mrd. € zu Gunsten ihrer Aktionäre; in 2000 bekam DaimlerChrysler bei 2,7 Mrd. € für Deutschland ausgewiesenen Gewinn vom deutschen Finanzamt fast 0,1 Mrd. € Steuern zurück.

*Tabelle 9 Steuersätze der normalen US Einkommensteuer in 2000*

| Bemessungsgrundlage der Normal-Steuer<br>= Tatsächliches Einkommen<br>abzüglich der in Anspruch genommenen Steuervergünstigungen [US$] | | 33.750 | 40.000 | 150.000 | 400.000 | 1.000.000 |
|---|---|---|---|---|---|---|
| Einkom-<br>menSt | Ledig max. 39,6 % | 17,9% | 19,5% | 27,5% | 33,0% | 37,4% |
| | Verheiratet max. 39,6% | 15,0% | 15,0% | 24,2% | 31,8% | 37,4% |
| Körper-<br>schaftSt | Unternehmen max. 35 % | 15,0% | 15,0% | 21,7% | 34,8% | 34,0% |
| jeweils zzgl. regionale und lokale Einkommensteuern von 0 bis ca. 12 %-Punkten (z.B. in New York zzgl. 6,85 %-Punkte für Einkommensteuer und 8,5 %-Punkte für Körperschaftsteuer). | | | | | | |

Die in den USA zur Steuerzahlung gezwungenen Unternehmen versuchten im Spätherbst 2001 erneut, die Mindest-Steuer für Unternehmen zu kippen; im Rahmen eines sogenannten Konjunkturprogramms schlug Präsident Bush im Dezember 2001 vor, die Mindest-Steuer für Unternehmen ganz abzuschaffen. Dies wurde von einer großen Koalition der Interessenvertreter der normalen Bürger verhindert.

## 8.2 Erste Ansätze einer Mindest-Besteuerung in Deutschland seit 1999

In Deutschland gibt es seit langem eine Reihe von Sonderregelungen zur Sicherstellung des Steueranspruchs des Staates, die letztlich alle Spielarten einer Mindest-Besteuerung sind:

- Seit langem können bezahlte Dauerschuldzinsen bei der deutschen Gewerbesteuer nur teilweise abgesetzt werden, derzeit nur zur Hälfte. Dies führt zu einer Mindest-Besteuerung von erwirtschafteten Kapitalerträgen, soweit sie in Form von Dauerschuldzinsen ausbezahlt werden.

- Die Kapitalertragsteuer von 20% (ab 2001) auf Dividenden o.ä. stellt ebenfalls eine Mindest-Steuer dar. Sie wird von der auszahlenden Stelle als Steuervorauszahlung zugunsten des Empfängers von der Bruttodividende einbehalten. Häufig verhindern allerdings Vorschriften aus den zwischenstaatlichen Abkommen zur Vermeidung der Doppelbesteuerung, dass der deutsche Fiskus bei formal ausländischen Empfängern die Kapitalertragsteuer erheben darf. Dies führt häufig zu einer endgültigen Nicht-Besteuerung der ausgezahlten Dividenden, da mittlerweile viele Länder, so auch Deutschland, für Kapitalgesellschaften die Dividenden beim Empfänger von einer Besteuerung freistellen.

- Die Absetzbarkeit von Zinsen wird zunehmend eingeschränkt, um Steuerumgehungen zu beschränken. Wenn z.B. Aktien auf Kredit gekauft werden, können Schuldzinsen nur noch bis zur Höhe der zugeflossenen Dividenden abgesetzt werden.

- In Deutschland beschränkt Steuerpflichtige, meist also Ausländer, müssen für bestimmte in Deutschland erzielte Einkommen eine Mindest-Steuer von 25% bezahlen, häufig ohne jede Berücksichtigung von Werbungskosten (§50 EStG). Der Bundesfinanzhof sieht in seiner Entscheidung vom 5. Februar 2001 (Az. I B 140/00) gemeinschaftsrechtliche Bedenken, weil diese Mindest-Steuer fast ausschließlich Ausländer betrifft. Alle in Deutschland erzielten Einkommen sollten vom deutschen Fiskus besteuert werden (vgl. hierzu auch Kapitel 11). Deshalb ist es von großer Bedeutung, dass in Deutschland zügig eine Mindest-Besteuerung für Inländer *und* für Ausländer eingeführt wird.

- Für das Baugewerbe, wo ausländische Arbeitskräfte mittlerweile einen erheblichen Anteil ausmachen, wurde 1999 zur Sicherstellung von Sozialversicherungsbeiträgen und von Ertragssteuern eine 25%-ige Pauschal-Steuervorauszahlung eingeführt und zwar auf den Bruttoertrag nur von ausländischen Subunternehmern im Baubereich, die durch den in Deutschland ansässigen Generalunternehmer zu bezahlen war. Dies war eine Diskriminierung ausländischer Unternehmen. Deshalb hat das Bundesministerium der Finanzen diese Vorschrift rückwirkend außer Kraft gesetzt. Ab 2002 müssen stattdessen alle Auftraggeber von Bauleistungen, ausländische wie inländische, eine Steuervorauszahlung zugunsten des ausführenden Bauunternehmens in Höhe von 15% der Baurechnungen an das örtliche Finanzamt abführen, das Bauunternehmen erhält nur noch 85% der Rechnungssumme.

Diese Einzelmaßnahmen zur Sicherstellung des deutschen Steueranspruchs mögen zwar im Einzelfall etwas bewirken, insgesamt ist es jedoch zu wenig: Wie schon oben in Abbildung 2(b) dargestellt, lag die Steuerbelastung der Einkommen aus Unternehmertätigkeit und Vermögen zwischen 1975 und 1985 stets bei oder über 35%, bis 1997 und (nach vorübergehender Erhöhung) erneut in 2001 wurde sie auf 23% gesenkt. Im selben Zeitraum aber wurde die Steuer- und Abgabenbelastung der Lohneinkommen von etwa 34% auf 38% angehoben.

1999 wurden endlich eine Reihe von wirkungsvollen Maßnahmen zur Verringerung der Steuervergünstigungen eingeführt, welche jedoch teilweise ab 2001 wieder rückgängig gemacht wurden.

Durch die Unternehmensteuerreform werden in Deutschland jetzt und in Zukunft die als zu versteuernd ausgewiesenen Gewinne, das sind die tatsächlichen Gewinne abzüglich der Steuervergünstigungen, deutlich niedriger belastet als bisher:

- Bei Kapitalgesellschaften ab 2001 nur noch mit durchschnittlich rund 40%, bei Gewinnausschüttung zahlen die Anteilseigner noch zusätzlich bis zu 15%;

- bei Personenunternehmen ab 2005 mit maximal rund 45% (jeweils inkl. Solidaritätszuschlag von 5,5% auf die Steuerschuld).

Wenn Unternehmenserträge insgesamt erheblich steuerlich entlastet werden, so sollten die Steuervergünstigungen nachhaltig reduziert werden, insbesondere bei den bisher weitgehend unbelasteten Vermögenseinkommen, damit die Schieflage gegenüber Lohneinkommen nicht noch stärker wird.

Unverändert blieb bis heute die 1999 eingeführte Form einer Mindest-Besteuerung durch die Beschränkung der Verrechnung von Verlusten mit Gewinnen bei der persönlichen Einkommensteuer. Kein Steuerpflichtiger mit einem erheblichen Einkommen sollte zukünftig alle Steuerzahlungen vermeiden können. Dies wurde erreicht durch folgende Maßnahmen:

- Beschränkung der Verrechnungsmöglichkeiten von Verlusten mit anderem Einkommen, wenn die Verluste aus ‚steuergetriebenen' Investitionen stammen (§2b EStG).

- Generelle Beschränkung der Verlust-Verrechnungsmöglichkeiten durch eine allerdings höchst komplizierte Spielart einer Mindest-Besteuerung (§2(3) EStG).

Diese Mindest-Besteuerung wurde von den Betroffenen beklagt, da sie nun, zu ihrem großen Erstaunen, plötzlich Steuern bezahlen mussten. Der Bundesfinanzhof (XI B/151/00, 8. Mai 2001) hat die Mindest-Besteuerung bei Verlusten aus Vermietung und Verpachtung nun aber bestätigt: „Gerade in den Fällen, in denen der Steuerpflichtige neben hohen Verlusten auch hohe positive Einkünfte erzielt hat, kann der Gesetzgeber eine differenzierende Lösung vorsehen, die trotz der Verluste den begrenzten steuerlichen Zugriff auf die positiven Einkünfte erlaubt." Ob die Mindest-Besteuerung auch bei Verlusten aus Gewerbebetrieb zulässig ist, war nicht Gegenstand der Entscheidung. Solche Einzelmaßnahmen sind höchst kompliziert; zudem schließen sie nicht nur fiktive Verluste, sondern auch tatsächliche Verluste vom Steuerabzug aus und können deshalb in Einzelfällen zu einer Überbesteuerung des tatsächlichen Einkommens führen.

Die Verlustverrechnung wurde aber nur bei Privatpersonen und Personengesellschaften beschränkt, bei Konzernen hingegen teilweise erleichtert. Schon bisher konnte ein Konzern Gewinne und Verluste von Tochter-Unternehmen verrechnen, falls die Tochter-Unternehmen finanziell, organisatorisch und wirtschaftlich in den Konzern eingebunden waren. Diese sogenannte ‚steuerliche Organschaft' setzt ab 2002 (nur noch) einen Gewinnabführungsvertrag zwischen Mutter und Tochter voraus, der jedenfalls bei vollem Eigentum an dem Tochterunternehmen jederzeit geschlossen werden kann, so dass in diesen Fällen die Verlustverrechnung innerhalb des Konzerns noch weiter erleichtert wurde. 100 Bäckermeister können hingegen ihre Gewinne und Verluste nicht zusammenzählen und nur auf den resultierenden Gesamtgewinn Steuern bezahlen. Vielleicht konnte ein derartig unverständliches Steuergeschenk an die Konzerne gerade deshalb durchgesetzt werden, weil wegen fehlender Statistiken keine genauen Zahlen zu den Steuerverlusten bestimmbar sind.

Die deutschen Firmen haben insgesamt Verlustvorträge in der Größenordnung von rund 235 Mrd. €. Diese Verlustvorträge können in Deutschland zeitlich und der Höhe nach unbegrenzt mit zukünftigen

Gewinnen verrechnet werden, bei derzeit 40% Steuersatz drohen Steuerausfälle von bis zu 90 Mrd. €. Selbst bei zukünftig starker Zunahme der ausgewiesenen Gewinne werden viele Konzerne deshalb weiterhin keine Steuern bezahlen. Eine Begrenzung der Verlustverrechnung, wie in vielen Ländern üblich, wurde von der Regierung bisher nicht angegangen. Der bereits erwähnte Zahnarzt aus Regensburg kann steuerliche Verluste aus Schiffsbeteiligungen seit 1999 nur noch beschränkt mit seinen Behandlungshonoraren verrechnen, Konzerne wie DaimlerChrysler aber können weiterhin alle Gewinne und Verluste aus in- und ausländischen Beteiligungen unbeschränkt (im Rahmen einer ‚steuerlichen Organschaft') miteinander verrechnen. In den letzten Jahren soll es deshalb vorgekommen sein, dass viele Handwerker mehr Steuern in Deutschland bezahlten (und übrigens auch einen höheren Beitrag zur Kammer) als etwa DaimlerChrysler.

## 9 Vorschlag für eine systematische Mindest-Besteuerung von hohen Einkommen

Gleich zu Beginn sei klargestellt: Einkommen sind dann hoch, wenn sie das typische Netto-Einkommen eines Arbeitnehmers um ein Mehrfaches übersteigen. Nur in diesem Bereich besteht Handlungsbedarf, da vor allem in diesen hohen Einkommensklassen zwar die gesetzlich vorgesehene Steuerlast beklagt wird, durch die gleichzeitige Nutzung einer Vielzahl von Steuervergünstigungen aber die tatsächliche Steuerlast häufig drastisch verringert werden kann.

Es bestehen auch in Deutschland große Zweifel, ob die von Wissenschaft und Politik geforderte drastische Reduzierung von Steuervergünstigungen tatsächlich durchsetzbar ist. Jeder ist für die Streichung aller Vergünstigungen bei den Anderen, die eigenen Vergünstigungen werden als ein Mindestausgleich für persönliche Benachteiligungen oder als unverzichtbar für die weitere wirtschaftliche Entwicklung angesehen.

Ein kleines Beispiel: In einer Fraktion des deutschen Bundestages soll die Abschaffung aller Steuervergünstigungen beschlossen werden – einhellige Zustimmung in der Diskussion. Leider lässt der Sitzungsleiter nicht sofort abstimmen, sondern erläutert noch einige Feinjustierungen zum Beschlussvorschlag. Da ruft ein Abgeordneter der ihm gegenüber sitzenden stellvertretenden Bundesvorsitzenden der Alleinerziehenden zu: „Dein Haushaltsfreibetrag (für Alleinerziehende) ist dann auch weg". Und ein anderer ruft: „Und Euer Freibetrag für Land- und Forstwirtschaft ist dann gestorben" etc.. Und plötzlich sind sich alle einig: Alle Vergünstigungen abzuschaffen ist eigentlich großartig, aber bitte ohne zentrale Elemente einer sozial-ökologischen Politik aufzugeben und unter Berücksichtigung der Wahlkreisinteressen der einzelnen Abgeordneten. Und so wurde im Beschluss die Regierung nur ganz allgemein aufgefordert, die bestehenden Vergünstigungen langfristig abzubauen. Wie sagte der berühmte englische Wirtschaftsfachmann John Maynard Keynes schon vor Jahrzehnten, als er zu den langfristigen Auswirkungen seiner Vorschläge zur Belebung der Konjunktur befragt wurde: „Langfristig sind wir alle tot".

Ein jahrelanger Kampf gegen eine Vielzahl von Lobbys ist aufwendig und letztlich wohl frustrierend. Wenn aber die Vergünstigungen nicht sofort abgeschafft werden können, sollte als erster Schritt ihre Bedeutung reduziert werden. Genau dies geschieht durch die Einführung einer Mindest-Besteuerung.

Das Prinzip lässt sich einfach erklären: Bisher werden hohe nominale Steuersätze auf die fiktive Bemessungsgrundlage ‚zu versteuernder Gewinn' bzw. ‚zu versteuerndes Einkommen' angedroht, und gleichzeitig wird zugelassen, dass diese Bemessungsgrundlage in vielen Fällen auf verschwindende Größen heruntergerechnet und/oder ins Ausland verlagert werden kann. Zukünftig soll ein mäßiger Mindest-Steuersatz auf alle tatsächlichen Einkünfte erhoben werden. ‚Tatsächliche Einkünfte' sind dabei die Summe aller Erträge abzüglich nur derjenigen Aufwendungen, die zur Erzielung der einzelnen Erträge jeweils zwingend erforderlich sind.

## 9.1 Nur Aufwendungen berücksichtigen, die unabdingbar und unmittelbar zur Ertragserzielung erforderlich sind

Wie schon mehrfach angeführt, ist es Beziehern von hohen Einkommen und ertragsstarken Unternehmen in Deutschland vielfach ganz legal möglich, ihr zu versteuerndes Einkommen und damit ihre reale Steuerlast auf sehr niedrige Werte herunterzurechnen. Auf welchem Weg ist dies möglich, wie kommt das ‚zu versteuernde Einkommen' zustande?

Der Gewinn von Kapitalgesellschaften unterliegt der Körperschaftsteuer, der Gewinn aus Land- und Forstwirtschaft, aus Gewerbebetrieb und aus selbständiger Arbeit der Einkommensteuer (§2 EStG), ebenso die Einkünfte aus nicht-selbständiger Arbeit, aus Kapitalvermögen, aus Vermietung und Verpachtung und sonstige Einkünfte (§8, §9 EStG), vgl. Tabelle 3 im Kapitel 2 dieses Buches.

- Für Kapitalgesellschaften muss der Gewinn durch Bilanzierung als Zuwachs des Betriebsvermögens bestimmt werden (zzgl. Entnahmen minus Einlagen, §4(3) EStG). In einer Marktwirtschaft bestimmt sich der Wert des Betriebsvermögens nach dem aktuellen Marktwert. Dies gilt im deutschen Steuerrecht (basierend auf dem Handelsgesetzbuch aus dem 19. Jahrhundert) aber nur für Wertminderungen (‚Imparitätsprinzip', §6 EStG). Werterhöhungen werden hingegen erst bei ihrem Verkauf besteuert (‚Realisationsprinzip').

Bei der Mindest-Besteuerung soll dagegen systemkonform generell der Marktwert zur Bestimmung des Gewinns Verwendung finden. Die dabei auftretenden Bewertungsprobleme werden häufig überschätzt, vgl. Kasten 7 im Abschnitt 10.2.

• Personengesellschaften, Einzelunternehmer und Selbständige können den Gewinn auch als Überschuss der Einnahmen über die Betriebsausgaben bestimmen (§4(3) EStG). Ähnlich werden die Einkünfte aus nicht-selbständiger Arbeit, aus Kapitalvermögen, aus Vermietung & Verpachtung und sonstige Einkünfte (§8, §9 EStG) als Überschuss der Einnahmen über die Werbungskosten bestimmt.
Einnahmen sind dabei alle Güter, die dem Steuerpflichtigen im Rahmen dieser Einkunftsarten zufließen. Betriebsausgaben und Werbungskosten sind alle Aufwendungen zur Erwerbung, Sicherung und Erhaltung der Einnahmen.

Im Widerspruch zu dieser sehr klaren Definition von Werbungskosten im Einkommensteuergesetz erlaubt das deutsche Steuerrecht aus den unterschiedlichsten Gründen die zusätzliche Absetzung von Aufwendungen ohne erkennbaren Bezug zu den betrieblichen Aufgaben. Zahlreiche typische Beispiele für diese legale Praxis und ihre negativen Auswirkungen haben wir schon in der Einleitung zu diesem Teil III des Buches aufgeführt.

Die Steuerpraxis hat also in immer größerem Umfang Aufwendungen, die *nicht* zwingend zur Ertragserzielung erforderlich sind, trotzdem als steuermindernd zugelassen. Dadurch ist das ‚zu versteuernde Einkommen' als Bemessungsgrundlage zu einer fiktiven Größe geworden, die ganz legal sehr niedrig oder sogar negativ gestellt werden kann, auch wenn der Steuerzahler ein erhebliches tatsächliches Einkommen erzielt hat. Ähnliches gilt für den ‚zu versteuernden Gewinn' bei Unternehmen. Was muss geschehen, damit man von diesen fiktiven Größen wieder zum tatsächlichen Einkommen als Bemessungsgrundlage zurückkommt?

Es müssen offenbar die Grundsätze des Einkommensteuerrechts (Abzug nur der echten Betriebsausgaben, §4(1) und §9(1) EStG) und der Marktwirtschaft (Bewertung nach dem Marktwert) wieder zur Geltung gebracht werden; die zahlreichen Ausführungsgesetze und Verordnungen, die diese Grundsätze teilweise auf den Kopf stellen, müssen zumindest in ihrer Bedeutung verringert werden. Die im Folgenden erläuterte Mindest-Besteuerung stellt entsprechend diesen Grundsätzen wieder auf das tatsächliche Einkommen ab und beschränkt damit den Einfluss derjenigen Gesetze und Verordnungen, die dazu im Widerspruch stehen.

Die Bemessungsgrundlage der Mindest-Steuer basiert auf diesen Prinzipien:

- Einnahmen und Aufwendungen wie auch Vermögensbestandteile und Schulden werden grundsätzlich zum Marktwert erhoben.

- Aufwendungen werden nur noch steuerlich berücksichtigt, soweit sie unabdingbar und unmittelbar zur Ertragserzielung erforderlich sind.

Die Mindest-Besteuerung beruht auf dem ökonomischen Einkommensbegriff, der das jährliche Einkommen als Änderung des Vermögens im betrachteten Jahr versteht und der in der steuerlichen Tradition bei der Bemessung der Leistungsfähigkeit eine große Rolle spielt. Der erste Armuts- und Reichtumsbericht der Bundesregierung hat hierzu interessante Vorarbeiten durchgeführt, auf die zurückgegriffen werden könnte, vgl. [Merz, Einkommensbegriff, 2001]. Das Konzept der Mindest-Steuer greift dieses alte und sehr bewährte Konzept wieder auf. (Die Bewertungsfragen, die sich hauptsächlich bei der Besteuerung von Vermögen und Wertzuwächsen stellen, werden im Abschnitt 10.2, Kasten 7, näher behandelt.)

Für die grundsatzgerechte Ermittlung der Aufwendungen müssen alle heute steuerlich berücksichtigten Aufwendungen in eine der beiden folgenden Klassen

- ,Kosten' und

- ,weitere Aufwendungen'

eingeordnet werden: also die sogenannten ,Werbungskosten' (§9 EStG) und die sogenannten ,Sonderausgaben' (§10 EStG).

*(1) Kosten sind Aufwendungen, die unabdingbar und unmittelbar zur Ertragserzielung erforderlich sind.*

Diese Kosten können auch bei der Mindest-Steuer voll steuerlich geltend gemacht werden.

- Beispiele für Unternehmen: verbrauchte Rohstoffe, Löhne, tatsächlicher Wertverlust von Gebäuden.

- Beispiele für Löhne: gesetzlich vorgeschriebene Sozialbeiträge soweit sie Steuercharakter haben; erforderliche Arbeitskleidung soweit nicht vom Arbeitgeber bezahlt; Arbeitszimmer soweit es nicht vom Arbeitgeber zur Verfügung gestellt wird.

- Beispiele für Privatpersonen bezüglich Verrechnung mit Lohneinkünften: sog. Verluste aus Vermietung und Verpachtung, die nachweislich tatsächlich aufgetreten sind; diese sollten deshalb zukünftig unlimitiert mit Lohneinkommen verrechnet werden können.

*(2) Weitere Aufwendungen sind solche, die **nicht** zwingend zur Ertragserzielung erforderlich sind.*

(2.1) Kostennahe Aufwendungen haben nur einen mittelbaren Zusammenhang mit der Ertragserzielung.

- Beispiele für Unternehmen: Bewirtungskosten; Verluste der Firma aus früheren Jahren.

- Beispiele für Privatpersonen: alle gesetzlich vorgeschriebenen Sozialabgaben soweit sie echten Versicherungscharakter haben, also den Beiträgen angemessene individuelle Gegenleistungen gegenüberstehen; Fahrtkosten zum Arbeitsplatz; Arbeitszimmer zu Hause obwohl vom Arbeitgeber im Betrieb gestellt.

(2.2) Kostenferne Aufwendungen (Sonderausgaben) haben keinen Zusammenhang mit der Ertragserzielung.

- Beispiele für Unternehmen: alle Arten von Abschreibungen soweit sie den tatsächlichen Werteverzehr überschreiten (z.B. Sonderabschreibungen, in vielen Fällen auch Pauschalabschreibungen); Verlustübernahmen von anderen Unternehmen und Verlustvorträge von anderen Firmen.

- Beispiele für Privatpersonen: der Anteil der Verluste aus Vermietung und Verpachtung, der als reiner Buchverlust nicht nachweislich auch ein tatsächlicher Werteverzehr ist. Weiterhin Kirchensteuer, Spenden an Parteien und gemeinnützige Einrichtungen, die heute zur Förderung einer guten Sache steuerlich abzugsfähig sind. Es verwundert sehr, dass derzeit derartige *nicht* zur Ertragserzielung erforderliche Aufwendungen genauso wie echte Kosten voll von den Brutto-Einnahmen abgezogen werden können. Damit führen derartige letztlich freiwillige Zahlungen für einen guten Zweck bei hohen Einkommen zu einer wesentlichen größeren Steuerersparnis als bei geringeren Einkommen. Anders allerdings schon heute bei Parteispenden, wo für die ersten 1.534 € die Steuerersparnis von 50% unabhängig von der persönlichen Progression gewährt wird und pro Jahr nur maximal weitere 1.534 € steuerlich anerkannt werden.

### 9.2 Mindest-Steuer für Privatpersonen und für Unternehmen

In Zukunft würde die Berechnung der Einkommensteuer wie folgt durchgeführt:

### (1) Mindest-Steuer

Die Mindest-Steuer wird erhoben auf das korrekt bewertete Brutto-Einkommen abzüglich der Kosten; hierbei werden nur solche Aufwendungen berücksichtigt, die unabdingbar und unmittelbar zur Ertragserzielung erforderlich sind. Die geltend gemachten Aufwendungen sollten deshalb schon im Steuerformular unterteilt werden in Aufwendungen, die unabdingbar und unmittelbar zur Ertragserzielung erforderlich sind, und in weiteren Aufwendungen. So könnten der Steuerpflichtige und das Finanzamt sofort feststellen, ob in erheblichem Umfang durch den Abzug von weitere Aufwendungen Steuervergünstigungen geltend gemacht wurden.

Bei kleineren tatsächlichen Einkommen müsste die Mindest-Steuer weder berechnet noch erhoben werden, da hier die Mindest-Steuersätze Null oder nahezu Null sind. Ähnliches gilt aber auch bei vielen größeren tatsächlichen Einkommen: Wenn nur wenige Steuervergünstigungen in Anspruch genommen wurden (und deshalb die Bemessungsgrundlage der Mindest-Steuer, nämlich das tatsächliche Einkommen, nicht wesentlich über der Bemessungsgrundlage der normalen Einkommensteuer liegt), müsste die Mindest-Steuer nicht berechnet und erhoben werden, da sie sicher niedriger ist als die normale Einkommensteuer. Hat der Steuerpflichtige hingegen in erheblichem Maß Steuervergünstigungen in Anspruch genommen, so ist die Mindest-Steuer zu berechnen, da zu erwarten ist, dass sie höher ausfällt als die normale Einkommensteuer.

Die Mindest-Steuer betrifft also nur *die* Steuerpflichtigen mit höherem Einkommen, die durch sehr viele Steuervergünstigungen die Bemessungsgrundlage und den Steuersatz für die normale Einkommensteuer so stark verringern konnten, dass sie niedriger wird als die Mindest-Steuer.

### (2) Normale Einkommensteuer

Anschließend wird auf der Basis des gleichen Steuerformulars die Einkommensteuer nach dem herkömmlichen Verfahren ermittelt, also mit Abzug auch der Aufwendungen, die nicht unabdingbar und unmittelbar zur Ertragserzielung erforderlich sind.

- Wenn die „normale" Einkommensteuer wegen der dort möglichen Nutzung von Steuervergünstigungen eine niedrigere Steuerbelastung ergibt, muss die dann höhere Mindest-Steuer bezahlt werden.

- Wenn allerdings die „normale" Einkommensteuer wegen der höheren Normalsteuersätze eine höhere Steuerbelastung ergibt, muss statt der Mindest-Steuer die in diesem Fall höhere Normalsteuer bezahlt werden.

In genau analoger Weise wird bei der Ermittlung der Mindest-Besteuerung für die Körperschaftsteuer verfahren.

In der folgenden Abbildung 5 wird dieses Verfahren für die Einkommensteuer erläutert als Handlungsanweisung in fünf Schritten. Der Einkommensteuer unterliegen Privatpersonen und Personenunternehmen (die Gewerbesteuer wird hier aus Vereinfachungsgründen nicht dargestellt, da sie ab 2001 in den meisten Fällen wegen der Anrechnungsmöglichkeit auf die Einkommensteuerschuld keine wirtschaftliche Belastung mehr darstellt).

In Abbildung 5 wird beispielhaft angenommen, dass der Steuersatz der Mindest-Einkommensteuer drei Viertel des normalen Einkommensteuersatzes beträgt und ab 50.000 € tatsächlichem Einkommen erhoben wird. Für kleine und mittlere tatsächliche Einkommen, also für die überwiegende Mehrzahl der Steuerzahler, muss also in keinem Fall die Mindest-Einkommensteuer berechnet werden, was die Steuerverwaltung wesentlich erleichtert und sicherstellt, dass dieser Personenkreis auch in Zukunft alle Vergünstigungen unbeschränkt in Anspruch nehmen kann.

Auch bei größeren tatsächlichen Einkommen muss die Mindest-Steuer nur berechnet werden, wenn Steuervergünstigungen in so hohem Ausmaß in Anspruch genommen wurden, dass die Normalsteuer niedriger wird als die Mindest-Steuer.

Ein Beispiel, das durch die Pfeile in Abbildung 5 illustriert wird: Der schon erwähnte Zahnarzt habe im Jahr 2005 ein *tatsächliches* Einkommen von 200.000 €. Kann durch Steuervergünstigungen dieses *tatsächliche* Einkommen auf ein *zu versteuerndes* Einkommen von 100.000 € verringert werden, resultiert eine normale Einkommensteuer von 34.086 €. Der Zahnarzt muss deshalb die Mindest-Einkommensteuer von 57.064 € bezahlen.

In der Abbildung 6 wird das Verfahren als Handlungsanweisung in 5 Schritten für die Gewerbe- und Körperschaftsteuer erläutert. Der Körperschaftsteuer unterliegen Kapitalgesellschaften wie AG und GmbH. Für die Bestimmung der Mindest-Steuer bei körperschaftsteuerpflichtigen Unternehmen wurde beispielhaft angenommen, dass die derzeitige Gewerbesteuer von rund 16% in voller Höhe auf den *tatsächlichen* Gewinn erhoben wird und die Körperschaftsteuer nur mit knapp zwei Drittel des bisherigen Werts von 25%, also nur noch mit rund 16%. Die bezahlte Gewerbesteuer mindert die Bemessungsgrundlage für die Körperschaftsteuer, so dass sich ein Mindest-Steuersatz von insgesamt 30% ergibt. Dieser Mindest-Steuersatz wird auf den tatsächlichen Gewinn erhoben, vgl. Abbildung 6a. Der Normalsteuersatz von insgesamt rund 37% hingegen wird auf den Buchgewinn erhoben, der sich als tatsächlicher Gewinn abzüglich Steuervergünstigungen ergibt, vgl. Abbildung 6b.

Auch bei Unternehmen muss die Mindest-Steuer nicht berechnet werden, wenn Steuervergünstigungen nur in geringem Maß in Anspruch genommen wurden. Die Mindest-Steuer betrifft also nur diejenigen Unternehmen, die durch sehr viele Steuervergünstigungen die Bemessungs-

*Abbildung 5a  Mindest-Einkommensteuer*
*(für Privatpersonen oder Personengesellschaften)*

(1)  Die Mindest-Einkommensteuer muss nur dann berechnet werden, wenn der Steuerpflichtige erhebliche Steuervergünstigungen in Anspruch genommen hat und daher zu erwarten ist, dass die normale Einkommensteuer unter der Mindest-Einkommensteuer liegen wird.

(2)  Vom jährlichen Bruttoeinkommen werden abgezogen **nur** die unabdingbar zur Erzielung des Einkommens erforderlichen Aufwendungen

≡ *Tatsächliches* Einkommen

(3)  Darauf wird die *Mindest*-Einkommensteuer erhoben, in diesem Beispiel drei Viertel der normalen Einkommensteuer, aber erst ab einer Mindest-Steuer-Freigrenze von hier 50.000 €.

≡ *Mindest*-Einkommensteuer gemäß *tatsächlichem* Einkommen.

Die folgende Abbildung zeigt die resultierende Mindest-Steuer für einen ledigen Steuerzahler ab 2005.

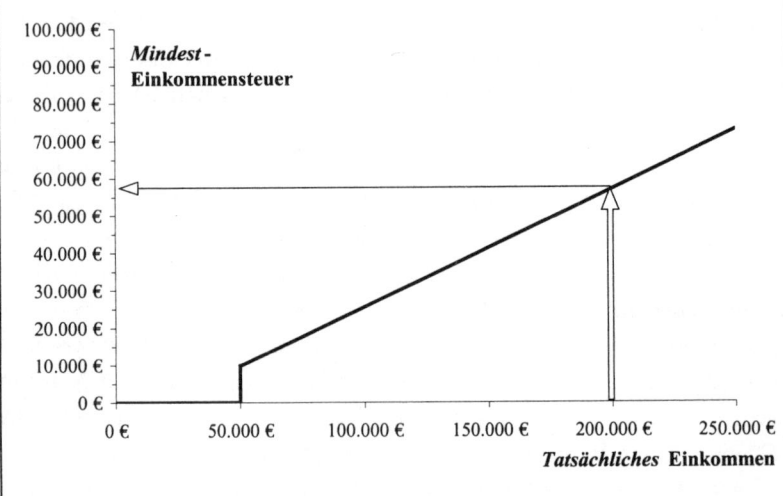

*Abbildung 5b  Normale Einkommensteuer*
*(für Privatpersonen oder Personengesellschaften)*

(4)  Vom jährlichen Bruttoeinkommen werden abgezogen alle
gesetzlich zulässigen Aufwendungen.
≡ *Tatsächliches* Einkommen abzüglich Steuervergünstigungen
(= „*Zu versteuerndes* Einkommen").

(5)  Darauf wird der Steuersatz laut (progressiver)
Einkommensteuer-Tabelle erhoben
≡ Einkommensteuer

Die folgende Abbildung zeigt die aktuelle Belastung für einen ledigen
Steuerzahler ab 2005.

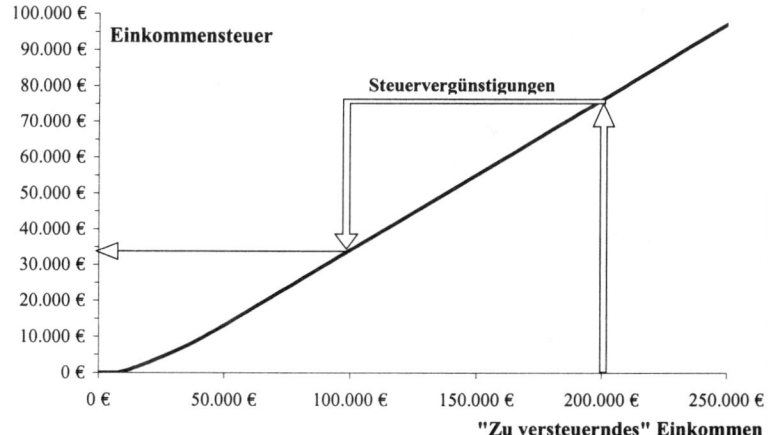

**"Zu versteuerndes" Einkommen**
= Tatsächliches Einkommen abzüglich Steuervergünstigungen

**Achtung**: Die waagrechten Achsen bei den Abbildungen a) und b) haben ganz
unterschiedliche Bedeutung: Ein Steuerpflichtiger, dessen *tatsächliches* Einkommen
von 200.000 € durch Steuervergünstigungen im Jahr 2005 auf ein „*zu versteuerndes*
Einkommen" von 100.000 € reduziert werden kann, muss laut Abbildung 5b nur
34.086 € Einkommensteuer bezahlen. Nach Einführung der *Mindest*-Einkommen-
steuer müsste er nun 57.064 € laut Abbildung 5a statt der normalen Einkommensteuer von 34.086 € bezahlen.

*Abbildung 6a Mindest-Steuer für Kapitalgesellschaften (z.B. AG, GmbH)*

(1) Die Mindest-Steuer muss nur dann berechnet werden, wenn der Steuerpflichtige erhebliche Steuervergünstigungen in Anspruch genommen hat und daher zu erwarten ist, dass die Normalsteuer unter der Mindest-Steuer liegen wird.

(2) Vom Bruttoertrag werden *nur* die unabdingbar zur Erzielung des Ertrags erforderlichen Aufwendungen abgezogen, bewertet zu Marktpreisen
≡ Tatsächlicher Gewinn.

(3a) Darauf wird der normale Gewerbesteuersatz (ca. 16%) erhoben.
≡ Gewerbesteuer gemäß *tatsächlichem* Gewinn.

(3b) Auf den Rest wird der Mindest-Körperschaftsteuersatz (z.B. 16%) erhoben
≡ Mindest-Körperschaftsteuer gemäß *tatsächlichem* Gewinn.

Die folgende Abbildung zeigt die resultierende zukünftige Mindest-Steuer für Kapitalgesellschaften.

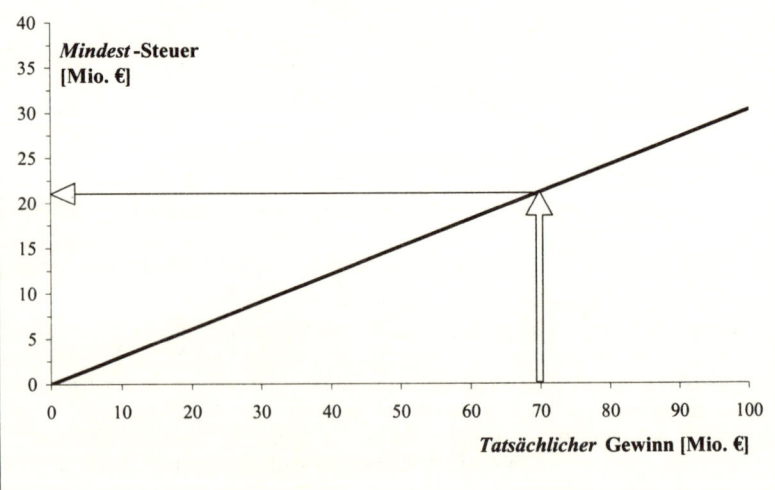

*Abbildung 6b  Normale Körperschaft- und Gewerbesteuer für*
*Kapitalgesellschaften (z.B. AG, GmbH)*

(4)   Vom Bruttoertrag werden abgezogen alle gesetzlich zulässigen
Aufwendungen unter Berücksichtigung der
Bewertungswahlrechte bei der Bilanzierung
≡ Tatsächlicher Gewinn abzüglich Steuervergünstigungen
(= Buchgewinn).

(5a)  Darauf wird der Gewerbesteuersatz (ca. 16%) erhoben.
≡ Gewerbesteuer gemäß *Buch*gewinn.

(5b)  Auf den Rest wird der normale Körperschaftsteuersatz (25%)
erhoben
≡ Körperschaftsteuer gemäß *Buch*gewinn.

Die folgende Abbildung zeigt die resultierende Belastung für
Kapitalgesellschaften ab 2002.

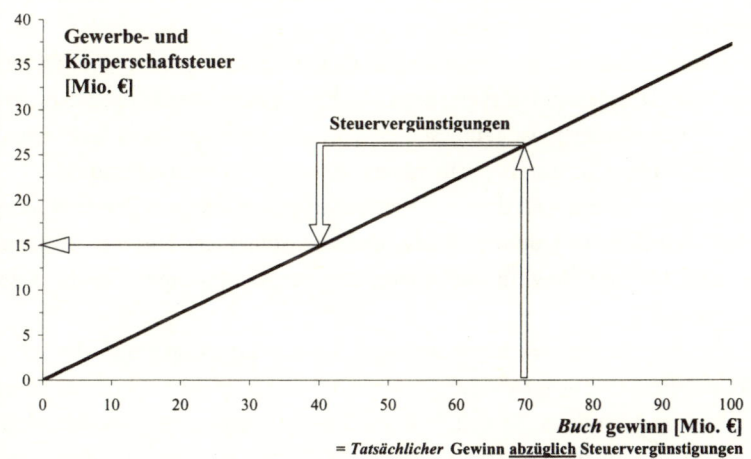

**Achtung**: Die waagrechten Achsen bei den Abbildungen 6a und 6b haben ganz
unterschiedliche Bedeutung: Ein Unternehmen mit einem tatsächlichen Gewinn von
70 Mio. €, dessen „Buchgewinn" durch die Nutzung vieler Steuervergünstigungen
im Jahr 2005 bei nur 40 Mio. € liegt, muss darauf laut Abbildung 6b rund 15 Mio. €
Steuern bezahlen. Zukünftig müsste das Unternehmen darauf rund 21,2 Mio. €.
Mindest-Steuer bezahlen.

grundlage für die Gewerbesteuer und die Körperschaftsteuer so stark verringern konnten, dass sie niedriger werden als die Mindest-Steuer.

Beispiel zur zukünftigen Berechnung der Steuerlast für eine Kapitalgesellschaft (vgl. die Pfeile in Abbildung 6): Die ‚Brauhaus-AG' erzielt im Jahr 2005 einen tatsächlichen Gewinn von 70 Mio. €; daraus resultiert eine Mindest-Steuer von 21,2 Mio. € laut Abbildung 6a. Durch Verlustverrechnungen mit Töchtern und diversen Sonderabschreibungen wird der *tatsächliche* Gewinn auf einen *Buch*gewinn von 40 Mio. € verringert; daraus resultiert eine Normal-Steuer von 15 Mio. € laut Abbildung 6b. Die Brauhaus-AG müsste nach Einführung der Mindest-Steuer 21,2 Mio. € an das deutsche Finanzamt bezahlen.

Die Mindest-Besteuerung begrenzt also die bestehenden steuerlichen Vergünstigungen. Nur auf dem Papier angefallene Verluste aus Sonderabschreibungen, aus Vermietung und Verpachtung, aus Verlusten anderer Unternehmen oder aus vorangegangenen Jahren, aber auch Aufwendungen wie Kirchensteuer oder Parteispenden kommen nur dann steuerlich zur Geltung, wenn die Mindest-Steuer niedriger ausfällt als die Besteuerung nach dem Normalverfahren, die diese Steuervergünstigungen mit einbezieht.

Entsprechend würden inländische Gewinne von großen Konzernen nach dem Mindest-Steuerverfahren durch Gewerbesteuer und Körperschaftsteuer wieder in angemessenem Umfang belastet, da es nicht mehr möglich wäre, z.B. durch Auslandsverluste und Verlustvorträge die Bemessungsgrundlage und damit die zu bezahlenden Steuern gegen Null zu senken, sondern in jedem Fall der Mindest-Steuersatz von z.B. 30% auf den tatsächlichen Gewinn vor Abzug der Vergünstigungen bezahlt werden müsste.

Bei der Ermittlung des Bruttoertrags, der als Eingangsgröße der steuerlichen Bemessungsgrundlage zugrunde liegt, spielen über all diese Überlegungen hinaus natürlich auch Bewertungsfragen eine entscheidende Rolle, auf die im Abschnitt 10.2 noch genauer eingegangen wird. Würde generell, wie bei der Mindest-Steuer vorgesehen, zu aktuellen Marktpreisen bewertet, so würde der Bruttoertrag in vielen Fällen deutlich höher ausfallen als derzeit.

## Vorteile und Probleme einer Mindest-Besteuerung

Eine Mindest-Besteuerung des tatsächlichen Einkommen (also des tatsächlichen Vermögenszuwachses) würde eine angemessene Beteiligung aller Einkommensbezieher am Steueraufkommen sicherstellen. Ein progressiver Einkommensteuertarif könnte, falls gewünscht, beibehalten werden. Wer bisher mit höherem Einkommen keine oder nur wenig Steuern abführt, würde stärker belastet, auch wenn der allseits geforderte Abbau von Steuervergünstigungen nicht sofort umfassend gelingt. Die Bedeutung von Steuerprivilegien und Sonderregeln würde damit *automatisch* begrenzt und ein langwieriger Streit mit Interessenvertretern wäre unnötig. Es entstünden sofort erhebliche zusätzliche Einnahmen bei der Einkommen- und Körperschaftsteuer, die zur Gegenfinanzierung der in Teil II erläuterten Begrenzung der Belastungen verwendet werden könnten.

Die Einführung einer Mindest-Besteuerung würde weder eine EU-Genehmigung noch eine vorherige EU-Steuerharmonisierung erfordern und könnte daher umgehend von der Bundesregierung umgesetzt werden.

Die Einkommensteuererklärung ordnet bereits heute fast alle Aufwendungen den jeweiligen Paragraphen zu, eine Aufteilung in zwingend erforderliche und sonstige Aufwendungen könnte pauschalierend und typisierend geschehen. Abschreibungen dürften nur in Höhe des tatsächlichen Werteverzehrs erfolgen und müssten bei späteren Wertsteigerungen wieder wertaufgeholt werden; beides würde eine regelmäßige marktnahe Bewertung des Vermögens erfordern, vgl. Kasten 7 im Abschnitt 10.2. Durch die Mindest-Besteuerung würden viele heutige Streitereien obsolet, Verwaltungs- und Gerichtsaufwand würden eingespart.

Die derzeitige, historisch bedingte Unterteilung in 7 Einkunftsarten könnte aufgehoben werden. Zur Sicherstellung einer angemessenen Besteuerung der in Deutschland erwirtschafteten Wertschöpfung erscheint eine Zweiteilung sinnvoll, vgl. Kap. 12, in Einkünfte von natürlichen Personen und Einkünfte/Gewinne von Unternehmen. Durch die Einführung einer systematischen Mindest-Besteuerung könnten – neben zahlreichen anderen Sonderregelungen zur Vermögensbewertung und Nicht-Aufdeckung von unbesteuertem Vermögen („stille Reserven") bei Umstrukturierungen – auch die 1999 eingeführten und sehr streitanfälligen Mindest-Steuern durch unsystematische Begrenzungen der Verrechnungs-möglichkeiten (§ 2(3) EStG und § 2b EStG) entfallen.

Wie könnten die Vorschläge zur Mindest-Besteuerung politisch umgesetzt werden? Alle cleveren Steuerfüchse werden durch die Mindest-Steuer stärker als bisher belastet und profitieren nicht durch die in Kapitel 6 vorgeschlagene Einführung einer Begrenzung der Belastungen, da ihre tatsächlich bezahlte Steuerlast ohnehin niedriger ist. Profitieren hingegen würde der Normalbürger, der weder die Kenntnisse, noch die Zeit und die Mittel hat, sich um Steuersparmodelle zu kümmern. Profitieren würden aber auch viele Meinungsbildner unterhalb der Chefetagen, an den Stammtischen, im Kegelverein oder Tennisclub, bei Verbänden und Parteien und in den Medien. Zur Durchsetzung einer Mindest-Besteuerung wird es also einer erheblichen Aufklärungsarbeit und wirksamer Kampagnen (etwa nach dem erläuterten Vorbild der USA „Ich zahle mehr Steuern als DaimlerChrysler") bedürfen, um deutlich zu machen, dass die überwiegende Mehrheit der Steuerzahler und die Gesamtgesellschaft durch eine Mindest-Besteuerung begünstigt würden, falls die resultierenden Mehrerträge für die in Teil II skizzierte Begrenzung der Belastungen verwendet würden.

### Sozialsteuer als Teil einer Mindest-Steuer

Der deutsche Sozialstaat wird derzeit überwiegend aus Sozialabgaben auf Brutto-Löhne finanziert. Ein erheblicher Teil dieser Abgaben hat Steuercharakter (vgl. Abschnitt 4.3) insoweit sie nämlich soziale Leistungen ohne korrespondierende Beitragszahlung finanzieren. Dieser Teil der Abgaben ohne echten *Versicherung*scharakter sollte zukünftig nicht mehr primär aus Abgaben auf Brutto-Löhne finanziert werden, was eine entsprechende Senkung der Beitragssätze zur Sozialversicherung ermöglichen würde. Diese Umfinanzierung könnte durch den Mehrertrag aus der Mindest-Steuer erfolgen.

Alternativ könnte, wie in Frankreich und den Niederlanden, eine eigene Sozialsteuer eingeführt werden bei entsprechender Absenkung der Sätze bei Sozialversicherung, bei Einkommen- und bei Körperschaftsteuer. Bemessungsgrundlage dieser Sozialsteuer sollte das ‚tatsächliche Einkommen' laut Mindest-Steuer sein, da damit in etwa das gesamte Volkseinkommen zur Finanzierung des Sozialstaats beitragen würde. Es

würde ein enormes Mehraufkommen resultieren, da die Verrechnungs-
möglichkeiten von Gewinnen mit Verlusten entfallen und die Bemessungsgrundlage deutlich größer wäre als heute bei der Sozialversicherung
und insbesondere auch bei der Einkommen- und Körperschaftsteuer. So
würden 10% Sozialsteuer auf das tatsächliche Einkommen aller Personen
und Unternehmen (das in etwa dem Volkseinkommen entspricht) im
Jahr 2002 ca. 150 Mrd. € erbringen, also gut die Hälfte der bezahlten
Sozialversicherungsbeiträge. Entsprechend könnte man die Beitragssätze
der Sozialversicherung für die sozialversicherungspflichtigen Löhne von
derzeit über 40% auf etwa 20% senken. Damit würden personalintensive
Betriebe entlastet, weil die Arbeitgeberbeiträge halbiert werden; Lohnempfänger würden entlastet, weil die Arbeitnehmerbeiträge halbiert werden. Insbesondere Steuerzahler, die derzeit trotz hohen Einkommens
wenig Steuern bezahlen, würden stärker zum Sozialstaat beitragen, weil
bei der Sozialsteuer ihr tatsächliches Einkommen ohne Berücksichtigung
von Vergünstigungen zählen würde.

## 10 Vorschlag für eine systematische Mindest-Besteuerung von großen Vermögen

Große Vermögen können heutzutage insbesondere dann von Steuern freigestellt werden, wenn sie kein laufendes Einkommen erwirtschaften, häufig also, wenn der Eigentümer das Vermögen brach liegen lässt und wirtschaftlich nicht aktiv ist. nicht aktiv ist. Gerade die Besteuerung solcher Vermögen wird häufig sehr emotional diskutiert: Stellt etwa großer Grundbesitz – Landgüter, Schlösser, Wäldereien – nicht eine Art von historischem Monument dar, das aus der feudalen Vergangenheit in die Gegenwart hereinreicht und gewissermaßen denkmalschützerische Achtung verdient? Wird nicht in vielen Fällen Vermögen zu treuen Händen an die Kinder vererbt mit der moralischen Auflage, das Vermögen ungeschmälert an die Enkelgeneration weiterzugeben? Darf der Staat derartiges Vermögen überhaupt besteuern, wenn es zwar einen hohen Marktwert hat, aber nachweislich keinen laufenden Ertrag abwirft wie z.B. viele landwirtschaftliche Grundstücke in der Nähe von großen Städten? Die Meinungen hierzu gehen weit auseinander.

Tatsache ist, dass die Vermögensteuer seit 1997 ausgesetzt ist. Tatsache ist aber auch, dass das Bundesverfassungsgericht eine Vermögensteuer ausdrücklich für zulässig erklärt hat, siehe Abschnitt 10.1. Derzeit werden in Deutschland grundsätzlich nur noch *tatsächlich zugeflossene* Erträge ... und *realisierte* Wertsteigerungen besteuert, dies aber nur, wenn die Realisierung vor Ablauf von Haltefristen erfolgt. Nur noch die Grundsteuer wird – als einzig in Deutschland verbliebene Sollertragssteuer – erhoben. Mit anderen Worten: Produktiv investiertes Kapital wird zumindest nominal steuerlich stark belastet, unproduktives Kapital bleibt selbst nominal weitgehend unbelastet.

Ein Beispiel: In Erwartung einer späteren Baulandausweisung gehortete Grundstücke können fast steuerfrei gehalten werden; eine eintretende Wertsteigerung bleibt gänzlich steuerfrei, solange nicht innerhalb der Haltefrist von heute 10 Jahren verkauft wird. Der Aktive wird bestraft, der Inaktive wird belohnt. Die dadurch bewirkte Verknappung treibt die Grundstückpreise hoch. Produktionsbetriebe wie auch Häuslebauer müssen folglich die hohen steuergetriebenen ‚Markt'preise für die

Grundstücke tragen. So wird der Spekulant auf Kosten des Produzenten und des Bausparers begünstigt.

Wie wichtig eine Besteuerung *aller* Wertsteigerungen auch im Privatbereich ist, zeigt ein weiteres kleines Beispiel. Eine Steuerberaterin berichtet: „Eine Mandantin hat bisher jedes Jahr 180.000 € Zinsen aus Bundesanleihen ordnungsgemäß versteuert. Vor 2 Jahren hat sie alles verkauft und den Erlös in einem amerikanischen Wachstumsfond angelegt. Der bestätigt ihr auf amtlichem Vordruck jedes Jahr, dass alle Erträge nur aus Wertsteigerungen bestehen, das örtliche Finanzamt musste das alles akzeptieren. Wenn die Frau das Geld dem deutschen Finanzminister leiht, bezahlt sie rund 90.000 € Steuern, wenn sie das Geld in einem geeigneten konstruierten Fond in den USA investiert, bezahlt sie *ganz legal* keinen Cent Steuern, obwohl der Ertrag etwa gleich hoch ist. Und wenn sie Bargeld braucht, verkauft sie nach einem Jahr Haltefrist die Fondanteile und bezahlt auf den Wertzuwachs *ganz legal* auch keinen Cent Steuern."

Die Bundesregierung konnte immerhin ab 1999 erreichen, dass Wertsteigerungen bei Aktienverkauf nicht schon nach 6 Monaten, sondern erst nach 1 Jahr, und bei Immobilienverkauf nicht schon nach 2 Jahren, sondern erst nach 10 Jahren steuerfrei sind. Dieser Schritt in die richtige Richtung verstärkt die Inaktivität allerdings noch. Die sachlich gebotene allgemeine Besteuerung von Vermögen und von Wertsteigerungen, auch soweit sie nicht durch einen Verkauf realisiert werden, konnte bisher nicht durchgesetzt werden.

### 10.1 Das Verfassungsgericht erlaubt ausdrücklich eine Vermögensteuer, falls eine gleichmäßige Bewertung sichergestellt wird

Das Verfassungsgericht legte in seiner Entscheidung zur Vermögensteuer vom 22. Juni 1995 fest:

- Nicht nur tatsächlich zugeflossene, sondern auch üblicherweise **erzielbare** Erträge (sog. Sollerträge) können besteuert werden.
  Beispiel: Können aus je 100 € Vermögen üblicherweise 4 € Ertrag (z.B. durch Anlage in einen Bundesschatzbrief) erzielt werden, so könnte

nach dieser Entscheidung ein gewisser Anteil dieser 4 € als Steuer eingehoben werden, auch wenn aus dem Vermögen überhaupt kein Ertrag tatsächlich zugeflossen ist.

- Die Höhe dieses Anteils, also die gesamte Belastung dieser Erträge etwa durch Einkommen- *und* Vermögensteuer darf maximal etwa 50% betragen (sog. Halbteilungsgrundsatz).

Beispiel: Bis 1996 wurde die Vermögensteuer *zusätzlich* zur normalen Steuerschuld erhoben. Dies konnte insbesondere bei Steuerzahlern, die tatsächlich Spitzensteuersätze bezahlten, in der Summe zu einer überhöhten Belastung führen. Deshalb war die Erhebung der Vermögensteuer *zusätzlich* zu den damals geltenden Spitzensätzen der Einkommensteuer von 53% nicht mehr möglich.

- Die extrem unterschiedliche Bewertung der verschiedenen Vermögensarten, z.B. von Immobilien einerseits und Geldvermögen andererseits, ist nicht verfassungskonform und muss durch eine gleichmäßige Bewertung ersetzt werden.

Da bis Ende 1996 die vom Verfassungsgericht verworfene Form der Vermögensteuer von der Bundesregierung nicht reformiert wurde, musste deren Erhebung ab 1997 ausgesetzt werden, ohne dass die Vermögensteuer formal abgeschafft wurde.

Die ausdrückliche Bestätigung der Zulässigkeit einer Sollertragsbesteuerung im Urteil des Verfassungsgerichts unterstützt die Idee der freien Marktwirtschaft: Nicht der Staat, sondern der Eigentümer entscheidet über die Verwendung seines Eigentums. Die geltenden Bewertungsvorschriften bewerten z.B. Rentenpapiere zum Marktwert, Grundstücke weit darunter, Zinserträge sind zum Spitzensteuersatz steuerpflichtig, Wertsteigerungen sind in vielen Fällen steuerfrei. Der Kauf von staatlichen Rentenpapieren wird damit gegenüber dem Kauf eines Grundstücks steuerlich diskriminiert. Der Staat beeinflusst so massiv mit den geltenden Steuergesetzen die unternehmerischen Entscheidungen des Eigentümers, ohne dass es dafür eine Rechtfertigung gäbe.

## 10.2 Anrechnung der bezahlten Vermögensteuer auf die anteilige Einkommensteuerschuld

In Deutschland erfolgte tendenziell ein Abbau von Sollertragssteuern: Nicht-Erhebung der Vermögensteuer seit 1997, Abschaffung der Gewerbekapitalsteuer seit 1998. Die Vorgaben des Verfassungsgerichts bieten die Chance zu einer ohnehin überfälligen Reform der Vermögensteuer: Eine Besteuerung von Vermögen auf der Basis des möglichen Ertrags (z.B. Vermögensteuer, Grundsteuer etc.) ist eine Art von Mindest-Steuer, da sie als Sollertragssteuer unabhängig von ausgewiesenen Erträgen zu bezahlen ist.

Wie vom Bundesverfassungsgericht ausdrücklich gestattet, sollte zukünftig für große Vermögen typisierend und pauschalisierend ein Sollertrag festgelegt und ein Mindest-Steuersatz auf diese *erzielbaren* Erträge erhoben werden. Eine derartige Mindest-Steuer auf Vermögen und vor allem auch auf dessen Wertsteigerungen kann durch eine intelligente, verfassungsgerichtskonforme Reaktivierung der Vermögensteuer ermöglicht werden, vgl. [Jarass, Vermögensteuer, 1996]:

(1) Auf das regelmäßig zu Verkehrswerten bewertete Nettovermögen (z.B. überprüfbare Selbsteinschätzung nach Richtwerten) sollte eine Vermögensteuer von z.B. 1,2% entrichtet werden; das entspräche bei einem typischen Vermögensertrag von 4% pro Jahr einem Steuersatz von 30%.

(2) Die bezahlte Vermögensteuer würde von der Einkommensteuer abgezogen, die, wie bisher, für den tatsächlich zugeflossenen Vermögensertrag anfällt.

(3a) Eine verbleibende Einkommensteuerschuld müsste zusätzlich bezahlt werden.

(3b) Ergäbe sich hingegen ein Einkommensteuerguthaben, nämlich wenn die Einkommensteuerschuld kleiner ist als die bezahlte Vermögensteuer, würde dieses Guthaben nicht erstattet. In jedem Fall müsste also mindestens die Vermögensteuer bezahlt werden, ähnlich wie seit 2001 bei der Anrechnung der tatsächlich bezahlten Gewerbesteuer auf die Einkommensteuerschuld, wo auch in jedem Fall die Gewerbesteuer bezahlt werden muss.

(4) Damit würde sichergestellt, dass einerseits mindestens die Vermögensteuer auf den typischerweise erzielbaren Vermögensertrag bezahlt wird, andererseits bei höheren Erträgen – wegen der Anrechnung der bezahlten Vermögensteuer auf die Einkommensteuerschuld – maximal der Spitzensatz der Einkommensteuer (42% ab 2005) bezahlt werden muss.

Ohne die Anrechnung würde auch beim ab 2005 gültigen Spitzensteuersatz von 42% eine Vermögensteuer *zusätzlich* zur Einkommensteuer möglicherweise zu einer verfassungswidrigen Belastung führen: Würden aus 100.000 € Vermögen tatsächlich 4.000 € Ertrag erzielt, so fielen neben 1.680 € (42%) Einkommensteuer noch 1.200 € Vermögensteuer an, insgesamt also 2.880 € oder eine verfassungswidrige Gesamtbelastung von über 70% des Ertrags, bei voller Anrechnung aber nur 1.680 €. Eine zusätzliche Berücksichtigung der Grundsteuer bei der Vermögensteuer könnte dazu beitragen, dass die hälftige Teilung in keinem Fall überschritten wird.

Kleinere Vermögen, z.B. auch selbstgenutztes Wohneigentum, sollte – wie derzeit schon bei der Erbschaftsteuer – durch angemessene Freibeträge von der Vermögensteuer freigestellt werden.

Eine Bewertung des Netto-Vermögens zu Verkehrswerten wäre (zumindest in pauschalierter Form wie heute schon bei der Erbschaftsteuer) für Grundbesitz, für Geldvermögen und für börsengehandelte Geschäftsanteile problemlos möglich, nur für Anteile an Familiengesellschaften wären aufwendigere Abschätzungen erforderlich, vgl. Kasten 7.

---

*Kasten 7 Bewertungsprobleme werden überschätzt*

Angeblich wirft die Reaktivierung der Vermögensteuer unlösbare Bewertungsprobleme auf. Als wesentlicher Grund für die geplante Nicht-Erhebung der Vermögensteuer wurde 1995 der angeblich immens hohe Eintreibungsaufwand genannt. Dies trifft aber nicht zu: Nach dem Beschluss zur Nicht-Erhebung der Vermögensteuer ab 1997 erklärte das Bundesfinanzministerium, dass die Zuschüsse an die Bundesländer wegen der nun eingesparten Erhebungskosten um 0,15 Mrd. € gekürzt werden; das entspricht beim Gesamtaufkommen aus der Vermögensteuer in 1996 von 4,6 Mrd. € Verwaltungskosten von nur rund 3%.

Probleme bei der Erhebung der Vermögensteuer resultierten wesentlich aus der damals gesetzlich vorgesehenen willkürlichen Bewertung einzelner Vermögensbestandteile. Bei einer strikt an Marktwerten orientierten Bewertung wie in den USA oder UK könnten derartige Probleme vermieden werden. Die Vermögensteuer könnte, wie im Ausland üblich, durch eine stichprobenartig überprüfbare Selbsteinschätzung nach Richtwerten erfolgen.

Eine Vermögensteuer als Steuer auf **erzielbares** Vermögen (Sollertragsteuer) belastet im Wesentlichen Immobilien, Betriebsvermögen als Realkapital und Finanzanlagen wie Aktien und Geldvermögen als Finanzkapital. Immobilien und Betriebsvermögen sind der Art nach bekannt, soweit sie in Deutschland liegen.

Finanzanlagen, soweit sie in Deutschland verwaltet werden, sind grundsätzlich bekannt (Problem: Bankgeheimnis). Soweit das Realkapital im Ausland liegt bzw. das Finanzkapital im Ausland verwaltet wird, bedarf es einer Kombination aus internationaler Kooperation und strikter Strafen des Steuerstrafrechts, um eine Benachteiligung von deutschem Realkapital und deutscher Finanzkapitalverwaltung zu vermeiden. Nach der geplanten EU-weiten Einführung von Kontrollmitteilungen für Zinserträge kann jedenfalls die bloße Existenz von Sparguthaben und Wertpapieren überprüft werden.

*Bewertung von Immobilien*

Die in Deutschland liegenden Immobilien sind bekannt. Das für die Erbschaftsteuer verwendete verwaltungsarme Bewertungsverfahren einer angemessenen Typisierung und Pauschalisierung könnte auch für die Vermögensteuer genutzt werden. Auch für die Grundsteuer müssen in Zukunft zwar nicht direkt Verkehrswerte, aber einheitliche Werte zugrunde gelegt werden: Wenn derzeit bei gleichen Verkehrswerten von Immobilien deren Einheitswerte um einen Faktor 2 und mehr sich unterscheiden, müssen die Einheitswerte neu erhoben werden; sonst würde sehr oft Gleiches um einen Faktor 2 und mehr unterschiedlich besteuert werden: In Analogie zum Vermögensteuerurteil des BVG könnte ansonsten auch die Grundsteuer für verfassungswidrig erklärt werden.

Ein pauschaliertes Verfahren (z.B. Grundstücksbewertung aus der Richtwertekarte zzgl. dem Wohn/Nutzflächenverfahren, wie es in den Fachgutachten zur Reform der Grundsteuer vorgeschlagen wurde) könnte im Rahmen der Selbstveranlagung eingeführt werden. Eine Überprüfung könnte stichprobenartig in den folgenden Jahren erfolgen. So machen es andere Länder, so funktioniert die Bewertung schon derzeit bei der deutschen Erbschaftsteuer, so ähnlich könnte es zukünftig bei der Vermögensteuer (und evtl. auch bei der Grundsteuer) funktionieren. Wenn andere Länder mit erheblichen Grundsteuern (z.B. 1%-3% des Marktwerts in den USA) diese Probleme lösen können, sollte auch die deutsche Finanzverwaltung dazu in der Lage sein.

*Bewertung von Betriebsvermögen*

Das in Deutschland liegende Betriebsvermögen ist bekannt, sein Wert ergibt sich aus einer korrekt an der Realität orientierten Bilanz, wie sie im Prinzip die international üblichen Bilanzierungsregeln US-GAAP (,general accepted accounting principles' als Voraussetzung für die Aufnahme an der New York stock exchange) oder IAS (,international accounting standards') vorsehen. Handels- und Steuerbilanzen auf der Basis des deutschen Handelsgesetzbuches sind wegen der dort möglichen sehr großen Bewertungsspielräume nicht mehr zeitgemäß. Viele große DAX-Firmen und alle Firmen des Neuen Marktes bilanzieren nach den US Bewertungsverfahren GAAP oder IAS. Beide Verfahren sind sehr viel näher an den Marktwerten orientiert als die herkömmliche deutsche Steuer-Bilanzierung. Die EU-Kommission will die IAS-Regeln spätestens ab 2007 für alle größeren EU-Firmen verpflichtend festschreiben. Für die ab 2005 in der EU zulässige europäische Aktiengesellschaft (SE) sollen auf IAS-Basis EU-weit gültige Bilanzierungsvorschriften erarbeitet werden. Der Zug fährt also ohnehin in Richtung marktnahe Bewertung.

*Bewertung von Finanzvermögen*

Größere Finanzvermögen (Geldvermögen, Aktien etc.) werfen zwar keine Bewertungsprobleme auf, sind aber teilweise unbekannt, da sie vielfach im Ausland gehalten werden. Aber die de facto abgeschaffte einheitliche Besteuerung von Zinseinkommen (deutsches Geld wird nach Luxemburg geschafft und kehrt als „ausländischer" Kredit nach Deutschland zurück) kann kein Grund für eine endgültige Nicht-Erhebung der Vermögensteuer sein, vielmehr sollten geeignete Schritte zur gleichen und mäßigen Besteuerung aller in Deutschland erwirtschafteten Erträge ergriffen werden (vgl. Kap. 11). In den USA z.B. können Schuldzinsen nur dann steuerlich als Kosten geltend gemacht werden, wenn diese von den Empfängern korrekt als Erträge versteuert werden: ein sehr einfaches und wirksames Instrument gegen Steuerflucht.

Unternehmen sollten eine *anrechenbare* Vermögensteuer auf das in Deutschland gebundene Unternehmenskapital bezahlen (statt der früher *zusätzlich* erhobenen Gewerbekapitalsteuer). Gerade international tätige Konzerne können derzeit ihre in Deutschland erwirtschafteten Gewinne relativ leicht in Niedrigsteuerländer transferieren, ihr in Deutschland arbeitendes Realkapital hingegen nicht. Mit dessen Besteuerung wäre für die in Deutschland erwirtschaftbaren Erträge eine Mindest-Besteuerung sichergestellt.

Zur Verwaltungsvereinfachung könnte die Vermögensteuer für Immobilieneigentum o.ä. wie derzeit die Grundsteuer als Objektsteuer ausgestaltet werden, die dem Objekt als Steuerschuld angelastet und ggf. mit einer Zwangshypothek gesichert werden kann, insbesondere, wenn die Eigentumsverhältnisse unklar sind, oder aus sonstigen Gründen die Steuer nicht bezahlt wird. Damit könnte insbesondere bei ausländischen Immobilieneigentümern eine Mindest-Besteuerung sichergestellt werden, auch wenn formal ein Verlust aus dem Objekt erklärt wird. Steuer-(sitz)flucht ins Ausland wäre weniger interessant.

Eine derartige Vermögensteuer für alle Vermögensformen würde alle Vermögenden gleichmäßig mit niedrigen Sätzen belasten, wäre einfach handhabbar, schwer zu umgehen, erbrächte verlässliche Einnahmen, kurz: Diese Lösung wäre sinnvoll und gerecht. Insbesondere Leerstände bei Wohn- und Gewerbeimmobilien würden nicht mehr, wie bisher, steuerlich privilegiert.

Die Einnahmen aus der Vermögensteuer hatten sich in den 10 Jahren bis zu ihrer Nicht-Erhebung, also von 1986 bis 1996, auf rund 4,6 Mrd. € verdoppelt. Das waren nur weniger als 1 Promille des zugrunde liegenden Vermögens. Bei einem Steuersatz von 1,2% (wie in den Niederlanden) und einer Bewertung zu Marktwerten wäre zukünftig mit Einnahmen von über 25 Mrd. € zu rechnen, selbst wenn wegen Freibeträgen etc. nur auf die Hälfte der Vermögenswerte tatsächlich Steuern erhoben würden.

---

*Kasten 8  Vermögensteuer als Abgeltungssteuer für private Kapitaleinkünfte in den Niederlanden*

---

Die Niederlande führten ab 2001 eine Mindest-Steuer auf private Kapitalerträge in einer besonders einfachen und deshalb besonders gerechten Variante ein. Jeder Steuerpflichtige listet seine Aktien, Wertpapiere und Häuser zum jeweiligen Marktwert auf und zieht davon seine Schulden ab. Für dieses Nettovermögen (abzgl. 17.000 € Freibetrag) werden 4% Sollertrag angenommen und darauf pauschal 30% Steuer als Abgeltungssteuer erhoben, indem 1,2% zu bezahlen sind. Die normale Einkommensteuer auf private Kapitalerträge wie Zinsen, Dividenden, Mieten etc. wird zukünftig nicht mehr erhoben. Deshalb brauchen die laufenden Erträge und Kosten bei der Steuererklärung nicht mehr aufgelistet werden.

Allerdings ist eine derartige Pauschalbesteuerung nur dann sinnvoll, wenn die Erträge bereits beim erwirtschaftenden Unternehmen ausreichend vorbelastet werden. Diese Vorbelastung ist in den Niederlanden für Zinsen sowie für Mieten und Pachten nicht gegeben, wodurch das neue niederländische Besteuerungsverfahren noch massive Ungereimtheiten aufweist. In Deutschland könnte dieses Modell aufgenommen werden, wenn Zinsen und Mieten und Pachten ähnlich wie Dividenden im Unternehmen ausreichend vorbelastet werden (vgl. Kap. 11).

## Vereinfachung der Erbschaftsteuer

Jährlich werden deutlich über 100 Mrd. € vererbt, mit stark steigender Tendenz. Wegen der weit unter den Marktwerten liegenden Bewertung von Immobilien (nur zu rund 50%), Land- und Forstwirtschaft (nur zu rund 10%) und Betriebsvermögen (nur zu rund 35%) sowie einer Vielzahl von weiteren Steuervergünstigungen müssen nur gut 3 Mrd. € Erbschaftsteuer bezahlt werden, also weniger als 3%, obwohl der Erbschaftsteuersatz in der Spitze bei 50% liegt.

1995 hat das Bundesverfassungsgericht in seinem Urteil zur Vermögensteuer gefordert, dass auch bei der Erbschaftsteuer eine realitätsgerechte Bewertung der Vermögensgegenstände sichergestellt wird. Zudem sollen Familienangehörige den Nachlass „zumindest zum deutlich überwiegenden Teil oder bei kleineren Vermögen völlig steuerfrei" bekommen. Der Bundesfinanzhof äußert in einer im April 2002 hierzu durchgeführten Verfahrensanhörung erhebliche Zweifel, ob die derzeitige ungleichmäßige Bewertung von Vermögen noch in der zulässigen Bandbreite der Typisierung und Pauschalisierung liegt und droht, das Bundesverfassungsgericht anzurufen. Deshalb ist wohl auch bei der Erhebung der Höhe des Erbes zukünftig eine einheitliche Bewertung durchzuführen, wie sie schon für die Vermögensteuer erforderlich ist. Dann spricht aber einiges dafür, Vermögensteuer und Erbschaftsteuer gemeinsam zu erheben.

Durch einen angemessenen Zuschlag zur Vermögensteuer könnte die Erbschaftsteuer statt in einem großen Betrag von den Erben in vielen kleinen Beträgen vom derzeitigen Eigentümer als potentiellen Erblasser erhoben werden. Dabei müssten allerdings die vom Verfassungsgericht vorgesehenen erheblichen Begünstigungen bei der Erbschaftsteuer für das persönliche und betriebliche Vermögen durch angemessene Freibeträge berücksichtigt werden.

Durch laufende Vorauszahlungen auf die Erbschaftsteuer würden Entscheidungen zur Betriebsnachfolge einfacher und die enormen Aufwendungen von Privaten und Unternehmen zur Verminderung der Einmal-Steuer auf Erbschaften gegenstandslos. Insbesondere der Wegzug von sehr Wohlhabenden ins Ausland zur Vermeidung der Erbschaftsbesteuerung würde bei einer Ausgestaltung als Objekt-Steuer (wie in Spanien) irrelevant, da dann das vererbte Objekt und nicht wie derzeit in Deutschland der Erbe steuerpflichtig wäre. Die ohnehin stark reformbedürftige, hart an der Grenze der EU-Zulässigkeit liegende Wegzugsbesteuerung (die insbesondere im Erbschaftsteuerbereich nur Spezialisten verstehen) könnte dann entfallen. Das deutsche Erbschaftsteuersystem würde so einfacher und gerechter.

„Was soll denn der Erblasser noch alles bezahlen?", merkt die Lektorin fast schon wütend an. „Eigentlich will der Großvater nur seinen Kindern ein bisschen etwas hinterlassen, und jetzt soll er Vermögensteuer, Erbschaftsteuer, Einkommensteuer, Grundsteuer und was weiß ich noch bezahlen. Ist das Euer Ernst?"

Vom Arbeitseinkommen der berufstätigen Bevölkerung nimmt der Staat typischerweise etwa die Hälfte weg, überwiegend zur Finanzierung der Rente und der Krankenversorgung der älteren Generation. Vielfach benötigen deshalb die Enkelkinder Zuschüsse vom Staat, um angemessen leben zu können; nicht jeder hat einen wohlhabenden Großvater. Der Großvater hingegen bezahlt bei geschickter steuerlicher Gestaltung fast keine Steuern, auch wenn er ein Vermögen von mehreren Millionen € besitzt. Ist das fair? Ist das sachgerecht?

Wenn er das Vermögen vererbt, wird typischerweise nur rund die Hälfte des wahren (Markt-)Werts angesetzt und pro Kind gibt es rund 200.000 € Freibetrag, bei Betriebsvermögen werden nochmals 40% abgesetzt und zusätzlich ein Freibetrag von rund 250.000 € gewährt. Bei einem Erbe mit einem wahren Wert von 5 Mio. €, das z.B. zur Hälfte Betriebsvermögen ist, werden nur rund 1,7 Mio. € tatsächlich besteuert, und zwar mit gut 16% Erbschaftsteuer. Insgesamt muss für ein Erbe von 5 Mio. € rund 270.000 € Erbschaftsteuer bezahlt werden, ein Steuersatz bezogen auf das Erbe von gut 5%.

Durch die von uns vorgeschlagene Wieder-in-Kraft-Setzung der Vermögensteuer müsste der Großvater nun rund 1,2 % Vermögensteuer auf sein Vermögen von 5 Mio. € (abzüglich eines Freibetrags von rund 0,5

Mio. €) bezahlen, also gut 50.000 € Vermögensteuer pro Jahr zzgl. eines Erbschaftsteuerzuschlags von vielleicht 15.000 €. „Woher soll der arme Mensch dieses viele Geld nehmen, wenn sein ganzes Vermögen in Immobilien angelegt ist?", könnte man fragen. „Wie sollen Vater und Mutter für die Familie eigenständig sorgen können, wenn der Staat die Hälfte vom Lohn wegnimmt, von der noch desolateren Situation bei Alleinerziehenden ganz zu schweigen?", diese offensichtliche Frage wird nicht gestellt. Der Großvater kann einen Teil der Immobilien verkaufen, den Verkaufserlös z.B. in Bundesschatzbriefen anlegen und vom Ertrag die Steuern bezahlen; das mag unangenehm sein, aber es ist jedenfalls fair und sachgerecht, wenn auch er sich an der Finanzierung der staatlichen Aufgaben beteiligt. Damit können die normalen Arbeitnehmer, insbesondere die Familien entlastet werden.

# Teil IV  Mindest-Besteuerung der in Deutschland erzielten Wertschöpfung durch den deutschen Fiskus

In den vorhergehenden Teilen haben wir überwiegend binnenwirtschaftliche Probleme einer fairen Besteuerung analysiert und hierzu detaillierte Verfahrensvorschläge auf der Basis der in Deutschland bestehenden Steuerpraxis vorgelegt. So ging es bei der im vorangehenden Teil III beschriebenen Mindest-Besteuerung von großen Einkommen und Vermögen darum, wie *innerhalb* einer Volkswirtschaft Steuern und Abgaben in fairer und sachgerechter Weise erhoben werden können.

In diesem Teil geht es um Beziehungen zwischen der deutschen und den ausländischen Volkswirtschaften: Wie kann der deutsche Fiskus sicherstellen, dass *alle*, die den Standort Deutschland zur Einkommenserzielung nutzen, sich an dessen Finanzierung beteiligen, auch wenn sie Steuerausländer sind. Es werden die grundlegenden Schwierigkeiten einer angemessenen Besteuerung der in Deutschland tätigen internationalen Konzerne herausgearbeitet und hierzu prinzipielle Lösungsvorschläge unterbreitet. Anschließend wird ein Verfahrensvorschlag vorgestellt, der kurzfristig ohne EU-Genehmigung und ohne Abstimmung innerhalb der OECD umgesetzt werden könnte. Langfristig müssen hier EU-weite Lösungen gefunden werden; wie diese aussehen könnten, wird im abschließenden Kapitel 12 skizziert. Für eine teilweise kontroverse, jedenfalls aber sehr konstruktive Diskussion dieser Vorschläge bedanken wir uns insbesondere bei Dr. Stefan Bach, DIW, Berlin; Prof. Dr. Thorsten Ehmcke, Universität Münster; Prof. Dr. Monika Jachmann, Universität Hamburg; RA Alfons Kühn, Deutscher Industrie- und Handelskammertag, Berlin; Dr. Rolf Diemer und Dr. Matthias Mors, Europäische Kommission; Prof. Dr. Albert Rädler, Vaterstätten/München; Dr. Hans Günter Senger, stv. Präsident der Bundesteuerberaterkammer, Frankfurt.

Wir erinnern noch einmal an die Feststellungen im Eingangskapitel: „Wer in Deutschland Einkommen erzielt, sei es aus unselbständiger Tätigkeit oder aus Unternehmertätigkeit und Vermögen, ist offensichtlich auf das hohe deutsche Niveau öffentlicher Infrastrukturvorleistungen angewiesen (Verkehr und Kommunikation, Rechtssicherheit und soziale Sicherheit, Bildung und Ausbildung usw.). Dieses hohe Niveau (und nicht etwa eine sehr niedrige Steuerlast) macht den Standortvorteil von entwickelten Rechts- und Sozialstaaten aus. Zur längerfristigen Sicherung dieser Standortqualität sollten alle, die den Standort Deutschland nutzen (indem sie Wertschöpfung erwirtschaften oder konsumieren), die öffentlichen Infrastrukturausgaben mitfinanzieren und zwar mit mäßigen, aber gleichmäßigen Sätzen von Steuern und Abgaben.“

## 11 Vorschlag für eine Mindest-Besteuerung der in Deutschland erwirtschafteten Schuldzinsen und Lizenzgebühren

„An Steuerausländer gezahlte Zinsen in beträchtlicher Größenordnung sind derzeit im Inland nicht steuerpflichtig, obwohl sie in inländischen Quellen erwirtschaftet wurden. Der Gesetzgeber sollte prüfen, ob durch eine (niedrige) Quellensteuer für diese in Deutschland erwirtschafteten Zinsen der Steuergerechtigkeit stärker Rechnung getragen würde", so die Brühler Empfehlungen der Kommission zur Reform der Unternehmensbesteuerung vom Mai 1999 [BMF, Brühler Empfehlungen, 1999]. Zudem wird eine Prüfung der steuerlichen Auswirkung von Fremdfinanzierung gefordert. Die Bundesregierung hat die hierzu in den Empfehlungen vorliegenden Vorschläge bisher nur unzureichend aufgegriffen. Die vom Bundesfinanzministerium angedachte grundlegende Reform des Außensteuerrechts ist rückwärtsgewandt und passt nicht zu einem Europa ohne Grenzen. Über kurz oder lang muss hier systematisch gehandelt werden, je früher, desto besser. Hierzu werden im Folgenden Vorschläge unterbreitet, die weder einer EU-Harmonisierung noch einer EU-Genehmigung bedürfen, und vom deutschen Gesetzgeber umgehend umgesetzt werden könnten.

## 11.1 Steuerliche Verschiebung von Einkünften ins Ausland (unfairer Steuerwettbewerb – Steuerdumping)

Löhne und Gewinne werden in Deutschland beim Unternehmen besteuert, in Deutschland erwirtschaftete Schuldzinsen, Lizenzgebühren und ähnliche Kapitalerträge hingegen bleiben in Deutschland unbesteuert, soweit der Empfänger Steuerausländer ist. In Deutschland tätige Unternehmen werden durch diese Vorgaben veranlasst, in wachsendem Umfang Eigenkapital durch Fremdkapital zu ersetzen und so einen zunehmenden Teil ihrer Erträge als Zinszahlungen an ausländische Kreditgeber oder als Lizenzzahlungen an ausländische Lizenzgeber zu deklarieren und dadurch in Deutschland steuerfrei zu stellen. Dies ist einer der wesentlichen Gründe für die niedrige Eigenkapitalausstattung der deutschen Unternehmen von durchschnittlich unter 20% (laut Deutscher Bundesbank), die vielfach noch durch die hohen eigenkapitalähnlichen Pensionsrückstellungen kaschiert wird.

Die Vorteilhaftigkeit dieser Transfers für international tätige Konzerne wurde nochmals in 2001 durch Studien der Europäischen Kommission [EU, Unternehmensbesteuerung, 2001] und von Baker/McKenzie [Baker/McKenzie, Steuerbelastung, 2001] eindrucksvoll dargestellt. Kleine Unternehmen, die diese Möglichkeiten nicht nutzen können, werden dadurch vom Markt verdrängt, auch wenn sie bei fairer steuerlicher Behandlung gute Produkte zu konkurrenzfähigen Preisen anbieten könnten.

Für eine Investition mit einem Ertrag von 10% vor Steuern haben Baker/McKenzie die effektive Steuerbelastung von zusätzlichen Investitionen (‚effective marginal tax rate') berechnet. Alle Berechnungen wurden allein aus der Sicht des investierenden Unternehmens durchgeführt ohne Berücksichtigung einer eventuellen Besteuerung von Zinsen und Dividenden beim Empfänger. Im EU-Durchschnitt werden die Unternehmenserträge von zusätzlichen Investitionen mit rund 28% besteuert, wenn sie überwiegend aus Eigenkapital finanziert werden. Bei hoher Fremdfinanzierung ergibt sich statt einer steuerlichen Belastung eine Netto-Subvention von rund 4% und zwar wegen der meist hohen Abschreibungsvergünstigungen in Verbindung mit der vollen Absetzbarkeit von Fremdfinanzierungskosten. Nur in Deutschland und Frankreich werden auch bei überwiegender Fremdfinanzierung immerhin rund 5%

Steuer erhoben, da in Deutschland bei der Gewerbesteuer nur die Hälfte der Dauer-Schuldzinsen abzugsfähig sind und in Frankreich gewinn-unabhängige Steuern erhoben werden ähnlich der früheren deutschen Gewerbekapitalsteuer; doch auch durch diese Maßnahmen wird die Diskriminierung der Eigenkapitalfinanzierung nur unzureichend reduziert.

Da also die Unternehmen die Schuldzinsen (fast) ohne Steuerbelastung an der Quelle auszahlen können und die Empfänger beim Empfang der Schuldzinsen eine Steuerbelastung leicht umgehen können, bleiben diese Zinsen insgesamt ohne Steuerbelastung. Vor allem große, international tätige Unternehmen können ganz legal einen erheblichen und weiterhin steigenden Anteil ihrer in Deutschland erwirtschafteten Kapitalerträge der Besteuerung in Deutschland entziehen, z.B. indem sie ihre Kapitalverwaltung in andere Länder verlegen (z.B. in die Niederlande mit 6% Steuern auf bestimmte Kapitalerträge oder Irland mit 12,5% Steuern (ab 2003) auf alle Kapitalerträge, fast 0% in Steuerparadiesen). Wegen der Globalisierung und vor allem wegen der EU-Integration Deutschlands greifen herkömmliche Maßnahmen (z.B. Außensteuergesetz, §8a KStG etc.) zur Beteiligung dieser Unternehmen an der Finanzierung der auch von ihnen genutzten öffentlichen Infrastruktur nicht mehr.

Das Handelsblatt vom 8.2.2002 beschreibt ein Beispiel: „Energieriese zieht aus niederländischem Recht Vorteile – Enron umgeht Steuerzahlungen: Dazu hat Enron einem Papier der US-Finanzaufsicht SEC zufolge für mehr als 140 seiner Partnerfirmen die Niederlande als Hauptsitz gewählt. Das Land gilt für ausländische Firmen als Steueroase, die mit niedrigen Steuersätzen lockt. Hier hat Enron Partnerfirmen angesiedelt, die etwa mit Breitbandkabel und Windenergie Geschäfte machten, sowie Gesellschaften, die in Venezuela, Mexiko, Brasilien, Spanien, Polen, Italien, China und der Türkei investierten. Enron siedelte – wie andere US-Konzerne auch – hier zunächst eine Holding an, die in einem Drittland wie Kolumbien eine Tochtergesellschaft gründete. Dann vergab die Holding Darlehen an die Tochter, die die Zinszahlungen an die Mutter als Betriebskosten steuerlich geltend machte. Da US- und niederländisches Recht diese Firmen als Einheit behandeln, muss die Holding die Zinszahlungen nicht als Einnahmen bilanzieren und versteuern."

Letztlich werden immer mehr Unternehmen gezwungen, über kostenaufwendige (Auslands-) Finanzierungen einen noch größeren Teil des Kapitalertrags in Deutschland steuerfrei zu stellen, indem statt Gewinnen in Deutschland Schuldzinszahlungen an nominell ausländische Gläubiger ausgewiesen werden. Dies muss als Teil des unfairen Steuerwettbewerbs oder „Steuerdumpings" gesehen werden, womit sich die beteiligten Staaten zunächst gegenseitig und dadurch letztlich auch selbst einen erheblichen Teil ihrer Steuereinnahmen wegnehmen; schon deshalb warnt z.B. die EU-Kommission seit Jahren vor einer Fortsetzung dieser Erosion der Steuerbasis.

So weit zur Steuervermeidung bei Schuldzinsauszahlungen. Darüber hinaus ist bis heute für EU-Bürger eine Steuerhinterziehung bei zinstragenden Anlagen relativ leicht möglich: Da in den meisten EU-Ländern Steuerausländer auf Zinserträge keine Quellensteuer bezahlen müssen, siehe etwa [Jarass, Zinsbesteuerung in Europa, 2002], können Zinserträge einer Kontrolle durch den heimischen Fiskus dadurch wirksam entzogen werden, dass der Steuerpflichtige sie im Ausland aufbewahren und verwalten lässt. Die deutsche Zinsabschlagsteuer z.B. kann umgangen werden durch Verlegung der Zahlstelle ins Ausland – ein starker Anreiz, deutsches Finanzkapital im Ausland verwalten zu lassen.

Für die Bekämpfung solcher Steuerhinterziehungen will die EU (v.a. auf Druck von Großbritannien) nun nicht etwa eine generelle Quellensteuer einführen (die vom eigentlichen Schuldner der zinstragenden Anlage abzuführen wäre). Die neue EU-Zinsrichtlinie will ab 1.1.2003 vielmehr die Stelle, die dem privaten Anleger die Zinsen gutschreibt, steuerlich in die Pflicht nehmen, in vielen Fällen also die Bank, die das Depot verwaltet. Der Steuerpflichtige kann dieser Zahlstellensteuer leicht ausweichen, indem er eine Zahlstelle außerhalb der EU mit der Verwaltung der zinstragenden Anlagen beauftragt. Zudem legt die vorgesehene Beschränkung auf Zinszahlungen an Privatpersonen eine legale Umgehung durch eine Verwaltung von Privatvermögen über juristische Personen, z.B. über eine Vermögens-GmbH nahe, wie es vom Schweizer Finanzministerium ausführlich schon Anfang 2001 dargelegt wurde, vgl. [Schweizer Finanzministerium, Zahlstellensteuer, 2001].

## 11.2 Besteuerung aller in Deutschland erwirtschafteten Entgelte für Eigen- und für Fremdkapital durch den deutschen Fiskus

Alle Entgelte für Eigen- *und* für Fremdkapital, soweit sie in Deutschland erwirtschaftet wurden, sollten zukünftig durch den deutschen Fiskus besteuert werden. Dies entspricht einer Besteuerung der Unternehmens-Wertschöpfung abzüglich der Löhne.

Eine angemessene Besteuerung der deutschen Wertschöpfung in Deutschland (insbesondere eine angemessene Vorbelastung von Zinsen beim Unternehmen) würde die derzeitige Diskriminierung von Eigenkapital gegenüber Fremdkapital verringern und die Möglichkeiten des steuerfreien Auslandstransfers von in Deutschland erwirtschafteter Wertschöpfung uninteressant machen. Damit könnten gleichzeitig die Steuersätze gesenkt werden und es wäre zudem sichergestellt, dass alle Nutzer der deutschen Infrastruktur sich angemessen an deren Kosten beteiligen.

Eine Wertschöpfungssteuer (wie z.B. in Abschnitt 11.3 konkret dargelegt) unterliegt keiner EU-Genehmigung; da alle in- und ausländischen Zahlungen gleichbehandelt werden, ist auch keine Beanstandung durch den Europäischen Gerichtshof zu befürchten. Die deutschen Versuche, Mindestquoten für Eigenkapital vorzugeben (z.B. §8a KStG), sind hingegen rückwärtsgewandt, da sie nur Gesellschafterdarlehen betreffen. Die Kredite werden aber immer stärker am globalisierten Finanzmarkt aufgenommen, nicht mehr bei verbundenen Unternehmen. Zudem behandeln diese Regelungen ausländische Kreditgeber anders als inländische, was ebenfalls keine nachhaltige Lösung sein kann.

Auch andere Länder versuchen, die Ersetzung von Eigenkapital durch Fremdkapital weniger attraktiv zu machen: In Österreich kann seit 2000 ein kalkulatorischer Zins auf den Zuwachs des eingesetzten Eigenkapitals vom Gewinn abgezogen werden, der nur mit 25% Abgeltungssteuer statt mit 34% Körperschaftsteuer bzw. 50% Einkommensteuer für Gewinne belastet wird. Auch Italien mit einer Abgeltungssteuer für Ertragszinsen von 12,5% belastet aus ähnlichen Gründen Gewinne aus zusätzlichem Eigenkapital nur mit 19% statt mit 37% Körperschaftsteuer. Das sind letztlich alles komplizierte und streitanfällige Notlösungen zur Verringerung der Benachteiligung der Eigenkapitalfinanzierung.

*Beispiel: Schweizer Verrechnungssteuer*

Tabelle 10 zeigt die effektive Steuerbelastung einer Investition für Stuttgart und für Zürich, jeweils für reine Kreditfinanzierung und für reine Eigenkapitalfinanzierung. (Der negative Wert für reine Fremdfinanzierung in Zürich zeigt, dass dort Steuervergünstigungen und Subventionen die Steuerbelastung überwiegen). In Deutschland müssen Teile der Fremdkapitalzinsen zur Hälfte bei der Gewerbesteuer hinzugerechnet werden, eine Art Wertschöpfungssteuer von rund 7% auf die Schuldzinsen, die die Differenz von rund 9%-Punkten bei Fremdfinanzierung zwischen Stuttgart und Zürich weitgehend erklärt.

*Tabelle 10  Effektive Grenzsteuersätze – nur Unternehmensebene*

| | (1)<br>Immat.<br>Güter | (2)<br>Gebäude | (3)<br>Maschinen | (4)<br>Finanzanlagen<br>&<br>Vorräte | (5)<br>**Gewogener<br>Durchschnitt** |
|---|---|---|---|---|---|
| **Stuttgart** | | | | | |
| Eigen-Finanzierung | 29% | 41% | 40% | 39% | 39% |
| Fremd-Finanzierung | **-16%** | 2% | 1% | 0% | 0% |
| **Zürich** | | | | | |
| Eigen-Finanzierung | 19% | 20% | 24% | 28% | 26% |
| Fremd-Finanzierung | **-18%** | **-18%** | -12% | -7% | (-9,2%) |
| bei Berücksichtigung der vom Betrieb zu bezahlenden Verrechnungssteuer von 35% | | | | statt - 9,2 %<br>**> 20%** | |

Quelle: [ZEW, Steuerbelastung, 2001]

In Tabelle 10 werden nur die vom Unternehmen zu bezahlenden Steuern berücksichtigt. Die Schuldzinsen können in Deutschland als Kosten geltend gemacht werden, bei Zahlung ins Ausland ohne Nachweis einer angemessenen Besteuerung im Empfängerland.

In der Schweiz unterliegen hingegen derartige Schuldzinszahlungen der Verrechnungssteuer von 35%, die vom auszahlenden Betrieb an das örtliche Finanzamt zu überweisen ist. Ausländische Zinsempfänger erhalten diese Steuer auf Antrag vom Schweizer Fiskus zurück, allerdings nur bei Nachweis einer ordnungsgemäßen Versteuerung der Zinserträge in ihrem Heimatland. Unter Berücksichtigung der Verrechnungssteuer beträgt die Steuerbelastung über 20% (abhängig von den Auswirkungen der Verrechnungssteuer auf den Bruttozinssatz), also ein ähnlicher Prozentsatz wie bei der Eigen-Finanzierung.

Die für ein Unternehmen steuerlich günstigste Lösung ist damit eine Investition in Stuttgart bei voller Fremd-Finanzierung über den internationalen Kapitalmarkt, da sie selbst unter Berücksichtigung der beim Empfänger der Kreditzinsen vor Ort zu bezahlenden, meist geringen Steuern insgesamt die bei weitem niedrigste Steuerbelastung aufweist. Durch Steuerdumping würden so Investitionen nach Stuttgart geholt werden, gäbe es nicht andere Länder, in denen durch Steuerdumping den internationalen Investoren sogar negative Steuersätze, also nachhaltige Zuschüsse angeboten werden, vgl. [EU, Unternehmensbesteuerung, 2001] und [Baker/McKenzie, Steuerbelastung, 2001]. Eine derartige Politik führt letztlich zum Ruin aller beteiligten Staatshaushalte und zu einer immer stärker wachsenden Belastung all derer, die sich der Steuerpflicht nicht entziehen können, vgl. Abschnitt 12.1.

Die Schweizer Verrechnungssteuer von 35% könnte für eine Vorbelastung von Schuldzinsen im Unternehmen Vorbild sein. Sie wird erhoben, wenn der Zins*schuldner* Steuerinländer ist, und zwar unabhängig davon, ob die Zinsen über eine inländische oder eine ausländische Zahlstelle ausgezahlt werden (sog. Schuldner-Quellensteuer). Damit werden alle in der Schweiz erwirtschafteten Entgelte für Eigen- *und* für Fremdkapital durch den Schweizer Fiskus besteuert, genauso, wie wir es für Deutschland fordern.

Zinsen hingegen, die durch Schweizer Zahlstellen (meist Banken) im Auftrag von ausländischen Schuldnern an ausländische Gläubiger ausgezahlt werden, können ohne Abzug ausgezahlt werden. Die internationale Kapitalverwaltung durch Schweizer Banken wird also nicht belastet. Genauso könnte man es in Deutschland handhaben, vgl. auch [Jarass, Quellensteuer, 1999].

## Beispiel: Italienische Wertschöpfungssteuer

Italien hat, zumindest für die Besteuerung durch die Regionen (unseren Bundesländern vergleichbar), einen anderen Weg in Form einer Wertschöpfungssteuer eingeschlagen. Es wurde 1998 eine regionale Betriebssteuer IRAP (‚imposta regionale sulle attività produttive') eingeführt in Höhe von 4,25% der Wertschöpfung. Sie besteuert neben den Gewinnen alle Zinszahlungen und auch die Löhne. Dies bedeutete eine erhebliche Verbreiterung der Bemessungsgrundlage und zudem eine Vereinfachung, denn IRAP konnte aufkommensneutral folgende Steuern ersetzen:

- die Gewerbesteuer in Höhe von 16,2% der ausgewiesenen Gewinne,

- die Gewerbekapitalsteuer in Höhe von 0,75% des betrieblichen Nettovermögens,

- rund 9,6% Arbeitgeber-Beiträge für die Krankenversicherung,

- ICIAP, eine lokale Steuer auf Bürofläche, Stempelgebühren auf Mehrwertsteueraktivitäten sowie weitere kleinere lokale Steuern.

Zudem konnte der Steuersatz aufkommensneutral von 16,2% auf 4,25% abgesenkt werden. Auch die Belastung der sozialversicherungspflichtigen Löhne konnte aufkommensneutral von 9,6% auf 4,25% verringert werden, da nun alle Einkommen zur Krankenversicherung beitragen, nicht nur wie bisher die kleineren Lohneinkommen. Ein solches System ist zudem verwaltungsärmer und umgehungsresistenter.

## Besteuerung der Wertschöpfung beim Betrieb: Pro und contra

Die vorgeschlagene Besteuerung der Wertschöpfung beim Betrieb führt zu einer gleichmäßigeren Besteuerung aller in Deutschland erwirtschafteten Kapitalentgelte (Zinsen, Mieten und Pachten, Lizenzgebühren, Gewinne) und würde einem fairen und effizienten Steuersystem näherkommen. Der Präsident eines deutschen Finanzgerichts hat nach Lektüre der Vorschläge wesentliche Argumente formuliert, die gegen eine Wertschöpfungssteuer vorgebracht werden können. Wir stellen diese Einwände jeweils an den Eingang der Spiegelstriche und nehmen dann dazu Stellung:

- „Die Unternehmen können bezahlte Schuldzinsen nicht mehr voll steuerlich geltend machen und müssen deshalb auf bezahlte Schuldzinsen auch noch Betriebssteuer bezahlen. Das widerspricht dem Prinzip der Leistungsfähigkeit. Denn die Leistungsfähigkeit ist durch den Zuwachs an Nettovermögen bestimmt, also durch die Summe an tatsächlich zugeflossenen Einkünften und der Wertsteigerung des Vermögens."

  Dieses Argument mag vielleicht bei der Einkommen- und Körperschaftsteuer berechtigt sein, nicht hingegen bei der betrieblichen Wertschöpfungssteuer. Wie in der Kapiteleinleitung erneut betont, sollen alle, die den Standort Deutschland zur Einkommenserzielung nutzen, auch zu dessen Finanzierung beitragen. Die einzige Möglichkeit, ausländische Kredit- und Lizenzgeber durch den deutschen Fiskus zu besteuern, ist eine Steuerbelastung an der Quelle ihrer Erträge, nämlich bei der auszahlenden inländischen Betriebsstätte.

- „Es wäre mit der Steuergerechtigkeit nicht zu vereinbaren, auf Kosten derjenigen, die Schuldzinsen bezahlen (müssen), diejenigen steuerlich zu entlasten, die über Kapitalerträge verfügen. Erforderlich ist es vielmehr, auf nationaler wie internationaler Ebene für eine gleichmäßige Erfassung und Besteuerung der Kapitalerträge zu sorgen."

  Das setzt umfangreiche internationale Harmonisierungen im Steuerbereich voraus, vielleicht erleben das unsere Enkelkinder. Wir haben nur folgende Alternativen: Sollen – wie derzeit – weiterhin fast nur noch die Arbeitnehmer Steuern und Abgaben bezahlen, eine offensichtlich extrem unfaire und nicht sachgerechte Lösung, oder sollen alle, die den Standort Deutschland zur Einkommenserzielung nutzen, entsprechend ihrer Leistungsfähigkeit zur Finanzierung beitragen? Gerade bei international tätigen Konzernen ist der in Deutschland erzielte Gewinn nicht oder nur sehr willkürlich festzustellen. Deshalb ist die leichter bestimmbare Größe „Wertschöpfung des Unternehmens" als Besteuerungsgrundlage hilfreich.

- „Eigenkapitalschwache Unternehmen werden diskriminiert."

  Bisher wird die Eigenkapitalfinanzierung stark diskriminiert, weil die Erträge von Eigenkapital im Unternehmen stark besteuert werden, die für Fremdkapital bezahlten Schuldzinsen hingegen fast nicht. Deshalb ist es für die Eigentümer der Unternehmen in vielen Fällen interessant, ihr Eigenkapital im Privatvermögen zu halten und ihre Unternehmen soweit als möglich fremd zu finanzieren. Diese Diskriminierung von Eigenkapital wird durch die gleichmäßigere Besteuerung von Eigen- und Fremdkapital durch die neue Wertschöpfungssteuer verringert und damit die Eigenkapitalbildung begünstigt. Da zudem bei der neuen Bemessungsgrundlage Wertschöpfung die Zinserträge von den bezahlten Schuldzinsen abgezogen werden können, gibt es für die Unternehmer einen weiteren Anreiz, Eigenkapital im Unternehmen zu halten.

Trotzdem bleibt ein gravierendes Problem insbesondere für gewinnschwache Unternehmen mit hoher Fremdfinanzierung, da dann die Anrechnung der Betriebssteuer bei der Einkommensteuer nicht greift. Kleinere gewinnschwache Unternehmen sind allerdings nicht betroffen: Der Freibetrag von 24.500 € stellt etwa die Schuldzinsen für einen Kredit von rund 0,3 Mio. € ganz betriebssteuerfrei, Belastungen bei höheren Krediten werden durch die schrittweise Besteuerung (Stufenregelung) gemindert. Wesentlich betroffen sind letztlich nur größere Personenunternehmen und alle Kapitalgesellschaften. Bei kleineren Kapitalgesellschaften, insbesondere start-ups sollte zur Abmilderung eine Stufenregelung für die Körperschaftsteuer und die Betriebssteuer überlegt werden, wie sie z.B. in den USA und UK üblich ist.

- „Ausländische Direktinvestitionen werden erschwert."
Das genaue Gegenteil ist der Fall: Ausländische Direktinvestitionen in Deutschland werden durch eine Besteuerung der Schuldzinsen an der Quelle begünstigt, vgl. [Köhler, Investitionsstrukturen, 2001]. Dies verdeutlicht Tabelle 11: Ein Konzern habe je ein Unternehmen in Deutschland und den Niederlanden, mit je 100 Mio. € Gewinn vor Abzug der Schuldzinsen; insgesamt fallen 100 Mio. € Schuldzinsen an. In welchem Land soll der Konzern sein Eigenkapital einsetzen, wo soll er fremd finanzieren und die Schuldzinsen als Kosten ausweisen?

*Tabelle 11 Begünstigung von ausländischen Direktinvestitionen durch die Einführung einer betrieblichen Wertschöpfungssteuer*

| | Deutschland | | Niederlande | | |
| --- | --- | --- | --- | --- | --- |
| | Eigen-kapital | Fremd-kapital | Eigen-kapital | Fremd-kapital | |
| Ergebnis vor Zinsen | 100 | 100 | 100 | 100 | |
| Schuldzinsen | 0 | -100 | 0 | -100 | |
| Ergebnis vor Steuern | 100 | 0 | 100 | 0 | |
| Gewerbesteuer (17%) | -17 | -9 | 0 | 0 | |
| Zwischensumme | 83 | -9 | 100 | 0 | |
| Körperschaftsteuer inkl. Soli | -22 | 2 | -35 | 0 | |
| Ergebnis nach Steuern | 61 | -6 | 65 | 0 | |
| **Summe Steuern** | | | | | |
| Eigenkapital in Deutschland | -39 | | | 0 | -39 |
| Fremdkapital in Deutschland | | -6 | -35 | | -41 |

Ergebnis: Wegen der derzeit hälftigen Zurechnung der Schuldzinsen bei der deutschen Gewerbesteuer ist es trotz des etwas höheren deutschen Steuersatzes optimal, das Eigenkapital in Deutschland, das Fremdkapital hingegen in den Niederlanden zu investieren. Dieser Vorteil wäre noch größer, wenn alle Schuldzinsen zugerechnet würden und dafür der allgemeine Steuersatz gesenkt würde.

• „Kann die Nettowertschöpfung einer Betriebsstätte innerhalb eines Konzerns einigermaßen nachprüfbar ermittelt werden?"
In der Tat existieren grundsätzlich, wie heute bereits bei der Gewinnermittlung, viele steuerliche Gestaltungsspielräume über geeignet gewählte konzerninterne Verrechnungspreise: Betriebsstätten mit niedriger Steuerbelastung stellen überhöhte Rechnungen für konzerninterne Lieferungen an Konzernteile mit hoher Steuerbelastung und reduzieren damit die Steuerbelastung des Gesamtkonzerns. Bei der Wertschöpfungssteuer werden bezahlte Schuldzinsen und Lizenzgebühren automatisch mitbesteuert und so die beiden größten Steuerschlupflöcher gegenüber dem Ausland verkleinert; damit steigt aber

der Anreiz, über geeignete Verrechnungspreise die Steuerlast zu verringern.

Bei Konzernteilen innerhalb Deutschlands ist der so erzielbare Steuerspareffekt jedoch gering, da sich die Steuerlast von Gemeinde zu Gemeinde nur um einige Prozentpunkte unterscheidet. Nennenswerte Anstrengungen rechnen sich hierfür nicht. Nur bei deutlichen Steuersatzunterschieden, wie z.B. zwischen Deutschland mit 40% und Irland mit 12,5% kann dadurch eine wesentliche Verringerung der Steuerlast erreicht werden. Eine sorgfältige Kontrolle der Angemessenheit der von den Konzernen festgesetzten Verrechnungspreise für grenzüberschreitende konzerninterne Lieferungen wird jedenfalls auch in Zukunft notwendig sein.

- „Die neue Betriebssteuer benachteiligt den Finanzplatz Deutschland."
Derzeit unterliegen Zinserträge sowohl aus dem Inland wie aus dem Ausland grundsätzlich der Gewerbe- und der Körperschaftsteuer. Diese Steuerbelastung kann, wie nachher erläutert, vermieden werden durch (meist kostenaufwendige) Zwischenholdings im steuergünstigeren Ausland. Die Zwischenholdings vereinnahmen die Zinserträge und können sie dann in Form von Dividenden steuerfrei nach Deutschland an die Muttergesellschaft transferieren (das Außensteuergesetz kann durch geeignete Zwischenschaltung mehrerer Ebenen von Holdings umgangen werden); die Dividenden sind in Deutschland dann steuerfrei. Deutschland bekommt überhaupt keine Steuern und verliert die Arbeitsplätze der Holding.

Ein Beispiel dafür, dass gerade die jetzige Besteuerung den Finanzplatz Deutschland benachteiligt, liefert im Abschnitt 7.1 schon erwähnte Fall der Deutschen Pfandbriefanstalt DEPFA AG, Wiesbaden: Die Gesellschaft wird bis 2003 den Bereich ‚Staatsfinanzierung' weitestgehend nach Irland verlegen, u.a. weil dort ab 2003 der Steuersatz auf **alle** Kapitalerträge nur noch 12,5% betragen wird gegenüber bis zu 40% in Deutschland; über 200 hochbezahlte Arbeitsplätze werden dadurch von Wiesbaden nach Irland exportiert, die hierfür anfallenden Kosten werden in Deutschland steuerwirksam geltend gemacht.

Bei einer zukünftigen Betriebssteuer würden nur die in Deutschland erwirtschafteten Kapitalentgelte besteuert; damit würde die Kapitalverwaltung im Ausland weniger interessant, weil Auslandszinserträge betriebssteuerfrei sind und im Inland erwirtschaftete Zinserträge unabhängig vom Ort der Kapitalverwaltung besteuert werden. Dies würde den Finanzplatz Deutschland begünstigen und die Verlagerung der Kapitalverwaltung ins Ausland verringern, jedenfalls insoweit deutsches Finanzkapital dort verwaltet würde. Die weitere Auslagerung von hochqualifizierten Arbeitsplätzen bei Banken und Versicherungen würde dadurch vermindert.

Die Besteuerung aller in Deutschland erwirtschafteten Kapitalentgelte führt zu erheblichen Steuermehreinnahmen, insoweit diese Kapitalentgelte bisher im Inland unbesteuert blieben, z.B. weil sie legal (Sparerfreibetrag, Lebensversicherungen) oder illegal im Inland nicht besteuert werden oder weil sie ganz legal quellensteuerfrei ins Ausland transferiert werden können. Eine derartige gleichmäßige Besteuerung der in Deutschland erwirtschafteten Wertschöpfung sichert den Steueranspruch des deutschen Fiskus, verbessert die Eigenkapitalbildung der Firmen und damit ihre Widerstandskraft und Investitionsfähigkeit und verringert den Anreiz, deutsches Finanzkapital im Ausland verwalten zu lassen.

Hier noch eine Bemerkung zur missbräuchlichen Verwendung des Begriffs ‚Kapitalflucht': Verlagerungen der Kapitalverwaltung ins Ausland werden oft als ‚Kapitalflucht' bezeichnet und dann als Indiz dafür angeführt, dass Investitionen in Deutschland nicht mehr attraktiv seien. Das Gegenteil trifft zu: Die Realinvestitionen, die die Kapitalerträge erwirtschaften, verbleiben ja aus gutem Grund meist in Deutschland; nicht das Kapital, nur seine Verwaltung wird zur Steuervermeidung ins Ausland verlagert.

## 11.3 Von der Gewerbesteuer zur kommunalen Betriebssteuer

Zu einer systematischen Darstellung möglicher Gewerbesteuerreformen und ihrer Bewertung siehe [Deutscher Städtetag, Gemeindesteuersystem, 2001] und [Karrenberg, Gewerbesteuer, 2001]. Im Folgenden wird ein einfaches Reformmodell vorgestellt, das alle in Deutschland erwirtschafteten Kapitalentgelte gleichmäßig mit einer Betriebssteuer belastet und damit Spielraum für allgemeine Steuersatzsenkungen eröffnet [Jarass, Gemeindefinanz-Reform, 2002].

### Wer soll zukünftig Betriebssteuer bezahlen?

Bisher bezahlt nur ein – nach wirtschaftlichen Kriterien – willkürlich abgegrenzter Kreis von Unternehmen Gewerbesteuer.

Zukünftig sollten *alle* selbständig ausgeübten Tätigkeiten, also sowohl gewerbliche als auch freiberufliche, der Betriebssteuer unterliegen, nicht hingegen unselbständige Tätigkeiten (Arbeitnehmer).

Eigengenutzte Wohnimmobilien werden wie bisher als Konsumgut behandelt, dessen Nutzen und Kosten steuerlich unbeachtlich sind.

### Was soll zukünftig die Bemessungsgrundlage sein?

Der Gewerbesteuer unterliegt der Gewinn; hinzugerechnet werden je die Hälfte der Dauerschuldzinsen sowie der netto bezahlten Mieten und Pachten z.B. für Maschinen, aber nicht für Immobilien.

Zukünftig sollte der im örtlichen Betrieb erwirtschaftete Gewinn der Betriebssteuer unterliegen sowie die vom Betrieb bezahlten Schuldzinsen und Lizenzgebühren. Es sollen also *alle* Entgelte für das im Unternehmen gebundene Kapital besteuert werden:

- Gewinne sind das Entgelt für das dem Unternehmen von den Eigentümern zur Verfügung gestellte Risikokapital (Eigenkapital).

- Schuldzinszahlungen sind das Entgelt für das dem Unternehmen von Dritten zur Verfügung gestellte Finanzkapital (z.B. Bankkredite).

- Miet- und Pachtzahlungen sind das Entgelt für das dem Unternehmen von Dritten zur Verfügung gestellte Sachkapital (z.B. Gebäude oder Maschinen). Die hierin enthaltenen Zahlungen für Abschreibungen, Mietnebenkosten, Verwaltung etc. sind nicht Teil der Wertschöpfung des betrachteten Betriebs und bleiben deshalb unberücksichtigt. Der Betriebssteuer unterliegen nur die enthaltenen Zahlungen für Schuldzinsen (und evtl. ein Gewinnzuschlag); der Schuldzinsanteil kann dabei typisierend und pauschalisierend bestimmt werden.

- Lizenzzahlungen sind das Entgelt für das dem Unternehmen von Dritten zur Verfügung gestellte geistige Kapital (z.B. Patente, Markennamen).

Erträge aus Finanzanlagen bleiben bei der Bestimmung des Gewinns für Zwecke der Betriebssteuer unberücksichtigt, da diese Erträge nicht im Betrieb erwirtschaftet wurden. Damit besteuert die Betriebssteuer die Wertschöpfung des Betriebs abzgl. der bezahlten Löhne.

Für Finanzdienstleister (Banken, Versicherungen, Holdings) und Vermieter und Verpachter, also die Verwalter der Entgelte für Eigen- und Fremdkapital, müssen angemessen modifizierte Bemessungsgrundlagen erarbeitet werden.

Tabelle 12 zeigt einen Vergleich der Bemessungsgrundlagen der Gewerbesteuer einerseits und der vorgeschlagenen Betriebssteuer andererseits.

*Tabelle 12 Bemessungsgrundlage der Betriebssteuer*

| Derzeitige Gewerbesteuer | Betriebssteuer |
|---|---|
| 100% des Gewinns abzgl. einiger Erträge aus Finanzanlagen | 100% des Gewinns des Betriebs abzgl. <u>aller</u> Erträge aus Finanzanlagen |
| + 50% der bezahlten Dauerschuldzinsen | + 100% aller bezahlten Schuldzinsen |
| + 50% der bezahlten Mieten & Pachten für Anlagevermögen <u>ohne</u> Immobilien | + 100% des (pauschalierten) Zinsanteils der bezahlten Mieten & Pachten für alle gemieteten Güter <u>inkl.</u> Immobilien |
| | + 100% der bezahlten Lizenzgebühren |
| - Freibetrag (24.500 € zzgl. Staffelung) | - Freibetrag (24.500 € zzgl. Staffelung) |
| **= Gewerbeeeertrag** | **= Betriebsertrag** |

Bemessungsgrundlage könnte auch die gesamte Wertschöpfung des Unternehmens sein, die neben dem Gewinn, den Schuldzinsen und Lizenzgebühren auch die Löhne umfasst. Da die Löhne aber grundsätzlich bereits mit erheblichen Sozialabgaben belastet sind, die in mehr oder weniger starkem Umfang Steuercharakter haben, sollte die Betriebssteuer nicht auf die Löhne erhoben werden.

Es wäre aber durchaus in einem zweiten Schritt überlegenswert, auch die Löhne einzubeziehen und dafür (wie in Italien, siehe unter Abschnitt

11.2) den Arbeitgeber-Beitrag zur gesetzlichen Sozialversicherung entsprechend zu verringern.

### *Wie hoch soll zukünftig der Steuersatz der Betriebssteuer sein?*

Der durchschnittliche Gewerbesteuersatz beträgt derzeit 16,3% (Hebesatz rund 390%), bei einer Spannbreite von 14,2% für kleine Gemeinden (bei 330% Hebesatz) bis 18,4% für Großstädte (bei 450% Hebesatz).

Die Besteuerung aller Unternehmen und die Verbreiterung der Bemessungsgrundlage erhöht das kalkulatorische Aufkommen der Betriebssteuer erheblich und schafft Spielraum für eine gleiche und mäßige Besteuerung.

Das kommunale Hebesatzrecht sowie die Anrechnung der Gewerbesteuer bei der Einkommensteuer könnten beibehalten werden.

Freibeträge und Messzahlenstaffelung stellen eine Quasi-Progression bei der Gewerbesteuer bzw. zukünftig bei der Betriebssteuer dar. Ohne diese Progression würden viele kleine Betriebe zukünftig Betriebssteuer bezahlen, aber wegen der persönlichen Einkommensteuer-Freibeträge der Inhaber keine Einkommensteuer. Damit würde die gesetzlich vorgesehene Anrechnung der bezahlten Gewerbesteuer bei der Einkommensteuer bei diesen Kleinen häufig ins Leere laufen. Freibeträge könnten zudem unter dem Gesichtspunkt der Verwaltungsvereinfachung für die Steuerverwaltung gerechtfertigt sein.

### *Umsetzung der Betriebssteuer*

Nach Einführung der Betriebssteuer gäbe es in Deutschland einen geringeren Anreiz, Unternehmen in Besitz- und in Betriebsgesellschaften aufzuteilen. Das Eigenkapital der für Wachstum und Beschäftigung entscheidenden Betriebsgesellschaften würde dadurch erhöht, die Unternehmen würden stabiler. Bei international tätigen Unternehmen würde der Transfer von in Deutschland erwirtschafteter Wertschöpfung ins Ausland durch Ausweis als Schuldzins- oder Lizenzzahlung weniger interessant, da die Betriebssteuer Gewinne, Schuldzinsen und Lizenzzahlungen gleichbehandelt.

Die erweiterte Bemessungsgrundlage ist gegenüber dem Gewinn leichter bestimmbar, da weniger manipulierbar, und besteuert zudem die in Deutschland erwirtschafteten Schuldzinsen und Lizenzgebühren an der echten Quelle, nämlich beim Produktionsbetrieb. Alle Nutzer von Infrastruktur beteiligen sich dann jedenfalls mit einem Mindestentgelt an deren Kosten, weil nun *alle* in Deutschland erwirtschafteten Kapitalerträge mit mäßigen Sätzen besteuert werden.

Die neue Betriebssteuer sollte prinzipiell jede Betriebstätte für sich besteuern. Das ist in der Praxis schwierig. Deshalb sollte zumindest jedes Unternehmen für sich der Betriebssteuer unterworfen werden. Eine Verrechnung der Betriebssteuer zwischen einzelnen Unternehmen widerspräche dem Prinzip der Betriebssteuer. Die derzeitige gewerbesteuerliche Organschaft, die eine Verrechnung aller Gewinne und Verluste innerhalb des Konzerns erlaubt, sollte deshalb aufgehoben werden.

Die Europäische Kommission hat kürzlich eine Gleichstellung von in- und ausländischen Firmen auch bei der Verlustverrechnung angemahnt, vgl. z.B. [EU, Steuerbasis, 2001] und [EU, Unternehmensbesteuerung, 2001]. Auch deshalb sollten Verlust-Verrechnungen zwischen Unternehmen auch innerhalb Deutschlands zukünftig nicht mehr erlaubt sein, da sonst auch die Verluste von ausländischen Tochterfirmen bei der deutschen Steuerbemessung berücksichtigt werden müssten. Dies würde zu einer weiteren Aushöhlung der deutschen Steuerbemessungsgrundlage führen.

# 12 Einbindung der Vorschläge in ein zukünftiges europäisches Steuersystem

## 12.1 Maßnahmen gegen unfairen Steuerwettbewerb: Allgemeine Besteuerung an der Quelle durch die Nationalstaaten

Den Nationalstaaten ist es nicht gelungen – soweit sie es überhaupt wollten – ein Übel zu bekämpfen, das die Europäische Kommission mit sehr diplomatischen Worten als „Erosion der Kapitalbesteuerung" bezeichnet. Dieser Ausdruck umschreibt das Dahinschwinden der Staatseinnahmen aus der Besteuerung von international tätigen Konzernen. Dieser in einigen Ländern – wie etwa in Deutschland – besonders drastische Einnahmerückgang wird mit wachsender Besorgnis von der Europäischen Kommission verfolgt, aber auch von der Dachorganisation aller Industrieländer (OECD). Die OECD hat in den letzten Jahren mehrere detaillierte Analysen zu diesem „schädlichen Steuerwettbewerb" erarbeitet und schon 1998 eine Liste von Vorschlägen vorgelegt, mit denen den schädlichen Auswirkungen begegnet werden soll, vgl. [OECD, tax competition, 1998].

Drei eng zusammenhängende Effekte führen zu diesem dramatischen Einbruch der Steuereinnahmen:

- Steuervermeidungen, die teilweise von legaler Steuerumgehung in illegale Steuerhinterziehung übergehen, was durch das in den deutschsprachigen Ländern Deutschland, Österreich, Luxemburg und der Schweiz geltende strikte Bankgeheimnis zusätzlich erleichtert wird.

- Steuerausländer haben heute im Vergleich zu Steuerinländern einen wachsenden Anteil an der Wirtschaft der Nationalstaaten, dies gilt auch für internationale Konzerne im Vergleich zu überwiegend auf dem regionalen Binnenmarkt tätigen Unternehmen.

- Die in Zeiten souveräner Nationalstaaten und relativ isolierter nationaler Ökonomien tatsächlich häufig ausgeübte steuerliche Diskriminierung von Steuerausländern gegenüber Steuerinländern wurde durch zahlreiche Richtlinien und Erlasse der europäischen Kommission innerhalb der Europäischen Union abgeschafft: EU-Ausländer dürfen gegenüber EU-Inländern generell nicht benachteiligt werden. Der europäische Gerichtshof wacht penibel darüber, dass jeder Verstoß dagegen sofort geahndet wird. Bemerkenswerterweise dürfen die nationalen Regierungen aber umgekehrt ihre eigenen Bürger gegenüber EU-Ausländern steuerlich benachteiligen, insbesondere auch ihre eigenen, meist regional gebundenen Unternehmen gegenüber international tätigen Unternehmen. Dies widerspricht zwar offensichtlich einer Gleichbehandlung aller EU-Bürger und dem gesunden Menschenverstand, aber nicht der derzeitigen Auslegung geltenden EU-Rechts.

Diese Bevorzugung der internationalen Konzerne ist das Ergebnis des Versuchs der Nationalstaaten, sich die Gunst dieser Konzerne durch Schaffung eines für sie günstigen Investitionsklimas zu erwerben und sie sich als Steuerzahler gegenseitig abzuwerben. Der Standortwettbewerb um gute Investoren und Steuerzahler artet somit aus in eine für alle beteiligten Nationalstaaten ruinöse Abwärtsspirale der Steuersätze bis gegen Null.

Ein kurzer historischer Rückblick: Seit 1918 hat sich in den westlichen Industrienationen und damit mehr oder weniger in der ganzen Welt folgendes System der Besteuerung von unternehmerischen Aktivitäten entwickelt:

- Dividenden, Zinsen und Lizenzgebühren werden von demjenigen Nationalstaat besteuert, in welchem der Empfänger wohnt („Wohnsitzprinzip").

- Der verbleibende Gewinn hingegen wird von dem jeweiligen Nationalstaat besteuert, in welchem die Firma produziert, unabhängig davon, wo der Eigentümer der Firma wohnt („Sitzlandprinzip").

In der „guten alten Zeit", als sich das alles meist innerhalb ein und desselben Nationalstaats und damit innerhalb eines einheitlichen Steuersystems abspielte, hat dieses Nebeneinander von zwei Besteuerungsprinzipien nur in den damals seltenen Fällen von Auslandsinvestitionen eine Rolle gespielt. Wenn ein Nationalstaat schon den Kapitaltransfer ins Ausland erlaubte, so sollte durch das Wohnsitzprinzip sichergestellt werden, dass der Wohnsitzstaat des Kapitalgebers die überwiegende Besteuerung der zurückfließenden Dividenden, Zinsen und Lizenzgebühren in der Hand behielt. Durch die Globalisierung von Produktion und Handel entwickelten sich Auslandsinvestitionen vom Ausnahmefall zum Normalfall. Häufig kann heute nicht einmal mehr festgestellt werden, woher das Kapital kommt. Durch die vollständige Liberalisierung der Kapitalmärkte und die weltweite Einführung einer Vielzahl von Finanzinstrumenten entzieht sich der Fluss der sogenannten internationalen und zunehmend auch der nationalen Kapitalien der Kontrolle nationaler Finanzbehörden.

Diese in den letzten 20 Jahren beschleunigt vorangetriebene Entwicklung der weltweiten Wirtschaftsbeziehungen hat die oben skizzierten traditionellen Prinzipien der Besteuerung ad absurdum geführt. Der Sitz des Produzenten ist häufig noch relativ genau feststellbar und damit auch das Besteuerungsrecht der Gewinne, aber z.B. bei Herstellung und Vertrieb von Internetprodukten ('E-commerce') ist das heute schon schwierig. Der Sitz der Empfänger von Dividenden und Zinsen ist zwar häufig noch feststellbar, aber bei nationalem Steuerzugriff drohen die Empfänger mit einer Sitzverlagerung in ein steuergünstigeres Nachbarland.

Das ist die Ursache des heute stattfindenden ruinösen Steuerwettbewerbs mit einer immer weiter andauernden Absenkung der Steuersätze für diese Art von Einkommen. Diese Begünstigung von international tätigen Konzernen führt vor allem in den größeren EU-Ländern zu drastischen Steuerausfällen, die nur dadurch wettgemacht werden können, dass die regional gebundenen, meist kleineren inländischen Unternehmen und die Arbeitnehmer noch stärker zur Kasse gebeten werden. Dies führt zum Ruin vieler dieser Unternehmen, zu enorm hohen Lohnkosten und zu einer Verringerung der Massenkaufkraft, – wesentliche Ursachen für die heutige Massenarbeitslosigkeit in vielen Ländern. Ein immer weiter wachsender Wust von komplizierten und undurchsichtigen Verordnungen und Maßnahmen der Nationalstaaten, von bilateralen und multinationalen Abkommen, von übernational abgestimmten Kontrollen innerhalb der Europäischen Union und der OECD vermag den weltweit resultierenden Schaden bestenfalls ein wenig einzudämmen.

Wie könnten Lösungen aussehen? Ein Weg, den Deutschland de facto schon länger, seit 2001 aber auch de jure eingeschlagen hat, besteht darin, jeden Anspruch des Staates auf Besteuerung internationaler Konzerne und internationalen Finanzkapitals aufzugeben und die Finanzierung des Staates ausschließlich auf Verbrauchssteuern, Lohnsteuern und Einkommensteuern auf einheimische Unternehmen zu verlagern. Dieser Weg entspricht im Ergebnis der von einigen Finanzwissenschaftlern geforderten ausschließlichen Besteuerung des Konsums, da Lohneinkommen und kleine Unternehmereinkommen überwiegend konsumiert werden. Die Vertreter des Prinzips dieser ausschließlichen Konsumbesteuerung versprechen hohe zukünftige Wachstumsraten der Volkseinkommen, wodurch die vorübergehenden Nettolohn-Einbußen in späteren Generationen mehr als wettgemacht würden.

Wer auch an der Kaufkraft der heutigen Generation interessiert ist, z.B. damit die Unternehmer ihre Produkte schon heute absetzen können, und nicht erst nach einer Generation, könnte vielleicht an einem anderen Weg Gefallen finden: angemessene Besteuerung aller Kapitalerträge auch unter den neuen globalen Rahmenbedingungen. Das obsolet gewordene System – Besteuerungsrecht des Gewinns für den Sitzstaat der Betriebsstätte, Besteuerungsrecht von Dividenden, Zinsen und Lizenzgebühren für den Wohnsitzstaat des Empfängers – muss an die neuen Verhältnisse angepasst werden. Zukünftig sollte folglich strikt zwischen Produktionsseite einerseits und Empfängerseite andererseits unterschieden werden:

- Besteuerung des *erwirtschafteten* Ertrags eines Betriebes, d.h. neben dem Gewinn auch der hier erwirtschafteten Schuldzinsen und Lizenzgebühren durch den *Sitzstaat* der *Betriebs*stätte.

- Besteuerung des *ausgeschütteten* Ertrags, also der Dividenden, Ertragszinsen und Lizenzerträge durch den *Wohnsitzstaat* des Empfängers.

## 12.2 Vorschlag für ein zukünftiges europäisches Steuersystem

*Besteuerung der Wertschöpfung am Sitz der Betriebsstätte*

Eine Besteuerung aller *produzierten* Werte (Löhne, Zinsen, Mieten und Pachten und Gewinne) am Sitz der Betriebsstätte ist dringend erforderlich und könnte wie folgt durchgeführt werden:

- Löhne werden wie bisher bei der Betriebsstätte besteuert.

- Gewinne werden wie bisher beim Produktionsunternehmen besteuert.

- *Neu*: Bezahlte Schuldzinsen (inkl. Zinsanteil der bezahlten Mieten und Pachten) sowie ggf. bezahlte Lizenzgebühren werden zukünftig nicht mehr beim Empfänger, sondern am Sitz der Betriebsstätte vom Produktionsland besteuert.

Für die Besteuerung einer zukünftigen EU-Aktiengesellschaft wird von den europäischen Industrieverbänden die Nettowertschöpfung als bester Verteilungsmaßstab angesehen, vgl. [Europäischer Industrieverband, Steuerreform, 2001]. Für diesen Fall muss ohnehin die Nettowertschöpfung jeder Betriebsstätte in jedem EU-Land verlässlich bestimmt werden. Dies verstärkt das Argument, von vorneherein die Nettowertschöpfung als Besteuerungsgrundlage zu verwenden.

Noch zielführender wäre eine EU-einheitliche Bemessungsgrundlage zumindest für international tätige Konzerne, wie sie in 2001 vom zuständigen EU-Kommissar Bolkestein vorgeschlagen wurde und die sich an die ab 2007 in der EU vorgesehene einheitliche Bilanzierungsvorschrift nach IAS anlehnen könnte, vgl. [EU, Körperschaftsteuer, 2001]. Gleichzeitig sollten die sogenannten Doppelbesteuerungsabkommen mit ihrem historisch geprägten Modell einer Besteuerung von Löhnen und Gewinnen im Produktionsland und von Zinsen im Empfängerland Schritt für Schritt modifiziert werden. Entsprechende Vorschläge wurden bereits 1998 aus US-Sicht detailliert untersucht, vgl. [USA, Steuerreform, 1998].

### *Besteuerung des persönlichen Einkommens am Wohnsitz des Empfängers*

Wie bisher fände eine (zusätzliche) Besteuerung aller *ausgeschütteten* Werte (also zur freien Verwendung ausbezahlte Löhne, Zinsen und Gewinne) am Wohnsitz des Empfängers statt, ggf. mit progressivem Steuertarif. Die Besteuerung sollte so ausgestaltet werden, dass in jedem Fall größere Einkommen, unabhängig von Steuervergünstigungen, eine Mindest-Belastung tragen müssen. Gleichzeitig könnte dann die Gesamtbelastung durch Steuern und Abgaben so abgesenkt werden, dass auch sozialversicherungspflichtige Einkommen in der Spitze wesentlich unter 50% belastet werden.

## Besteuerung des Verbrauchs beim Lieferanten

Bisher wird der gesamte Konsum in Deutschland durch Mehrwertsteuer und spezielle Verbrauchssteuern auf Benzin, Heizöl, Tabak, Alkohol etc. besteuert und zwar immer nach den deutschen Sätzen. Lieferungen aus dem Ausland, insbesondere auch aus EU-Ländern werden teilweise mit, teilweise ohne Steuerbelastung importiert und müssen dann in einem komplizierten Verfahren in Deutschland endbesteuert werden. Zudem sind Rückerstattungen von ausländischen Konsumsteuern extrem verwaltungsaufwendig.

Bei den zunehmenden grenzüberschreitenden Lieferungen wäre eine Besteuerung im jeweiligen EU-Ursprungsland sinnvoll, wie von der EU-Kommission bereits 1996 vorgeschlagen [EU, Mehrwertsteuer, 1996]: Alle Konsumsteuern werden beim jeweiligen EU-Lieferanten erhoben, alle Lieferungen innerhalb der EU werden gleichbehandelt. Eine Clearingstelle könnte für eine faire Verteilung der Konsumsteuern zwischen den EU-Ländern sorgen. Hierfür wäre allerdings eine noch stärkere Harmonisierung der Mehrwertsteuersätze erforderlich. Derzeit gibt es hierfür keine Zustimmung einer Mehrheit der Mitgliedsländer. Deshalb wird in einem ersten Schritt eine verbesserte Anwendung der bestehenden Regelungen angestrebt, vgl. [EU, Mehrwertsteuer, 2000].

## Einführung des zukünftigen EU-Steuersystems durch fairen Steuerwettbewerb

Das vorgestellte europäische Steuersystem verlangt *keine* Harmonisierung der *direkten* Besteuerung und damit keine Einstimmigkeit in den EU-Gremien! Niemand sollte dazu gezwungen werden, jedes Land sollte frei wählen können, ob es die vorgeschlagenen Prinzipien übernimmt:

- Besteuerung von *erwirtschafteten* Löhnen, Zinsen und Gewinnen am Sitz der *Betriebsstätte*,

- Besteuerung von *ausgeschütteten* Löhnen, Zinsen und Gewinnen am *Wohnsitz*.

Jedes Land könnte zudem die Steuersätze individuell festlegen. Wer z.B. die im eigenen Land erwirtschafteten Zinsen unbesteuert lassen will, könnte hierfür einen Steuersatz von Null festlegen und die dadurch fehlenden Steuereinnahmen durch anderweitige Besteuerung erwirtschaften bzw. staatliche Leistungen einschränken.

Daraus würde echter steuerlicher Wettbewerb resultieren, weil dann z.B. eine ggf. höhere steuerliche Belastung der Wertschöpfung in Deutschland nur bei besseren Standortbedingungen haltbar ist. Da *alle* erwirtschafteten Kapitaleinkommen inkl. der erwirtschafteten Schuldzinsen grundsätzlich bereits vom jeweiligen Nationalstaat an der Quelle besteuert würden, würde Kapital(verwaltungs)flucht uninteressant und Steueroasen ausgetrocknet. Der bisherige Pseudowettbewerb, nämlich in Deutschland zu produzieren und in Irland die Gewinne auszuweisen, würde entfallen, da die gesamte in Deutschland erwirtschaftete Wertschöpfung schon in Deutschland entsprechend vorbesteuert ist, unabhängig davon, wo der Sitz der Gesellschaft ist. Der daraus folgende echte Wettbewerb um die besten Investitionsstandorte (wobei u.a. Infrastruktur, Lebensqualität, Sicherheit neben der Steuerbelastung wichtige Entscheidungsfaktoren sind) würde Schritt für Schritt alle EU-Länder von einer Übernahme dieses Systems überzeugen, vgl. [Jarass/Obermair, EU Steuersystem, 1999, Kapitel 7].

Eine zukünftige europäische Steuerpolitik muss auch nach Meinung der EU-Kommission alle Hindernisse aus dem Weg räumen, die der Ausübung der vier EU-Grundfreiheiten (Freizügigkeit, freier Warenverkehr, freier Kapitalverkehr, Dienstleistungsfreiheit) entgegen stehen. Das hier vorgeschlagene EU-Steuersystem würde insbesondere wegen seiner strikten Trennung zwischen Unternehmens- und Privatbereich und der völligen Gleichbehandlung von In- und Ausländern diese Zielsetzung erreichen: Es wäre ein weiterer Schritt zur Vollendung des EU-Binnenmarkts.

## 12.3 Eine Mindest-Steuer macht eine Begrenzung der Belastungen dauerhaft bezahlbar

Europa nutzt den Großen und belastet die Kleinen – ein weit verbreitetes Gefühl. Gewinne und Arbeitslosigkeit explodieren, Nettolöhne und Sozialleistungen werden gesenkt. In Deutschland werden Arbeitnehmer und deren Arbeitgeber durch Steuern und Sozialabgaben überlastet, Arbeitsplätze brechen weg genauso wie die Steuerzahlungen auf Kapitalerträge. Viele „kleine Leute" wären ebenso wie Großindustrie und Banken für ein Europa ohne Grenzen, wenn sie nicht nur an den Kosten, sondern auch am Nutzen beteiligt würden. Ein friedliches Zusammenleben erfordert eben eine faire und akzeptierte Belastung durch Steuern und Abgaben. Allein durch die europäische Einigung wird das Steuersystem weder effizienter noch fairer.

Sozialstaatliche Leistungen sollten zukünftig nicht mehr – wie bisher in Deutschland – primär aus Abgaben auf Bruttolöhne finanziert werden, sondern aus der gesamten Wertschöpfung (= Löhne + Schuldzinsen + Gewinne). Dies kann geschehen, indem – ähnlich wie z.B. in Frankreich – eine Sozialsteuer auf alle „tatsächlichen Einkommen" (im Sinne der Mindest-Besteuerung, vgl. Kap. 8 und 9) erhoben wird. Nur solche Sozialleistungen, die einem Beitragszahler individuell gemäß seinen Beitragszahlungen zugeteilt werden und damit echten *Versicherung*scharakter haben, sollten auch zukünftig als Pflicht-Versicherungsabgaben auf das individuelle Einkommen erhoben werden.

Wie erläutert, erfordert die Einführung einer Mindest-Besteuerung auf hohe Einkommen und Vermögen weder eine EU-Genehmigung noch eine vorherige EU-Steuerharmonisierung und könnte sofort in Deutschland realisiert werden. Eine betriebliche Wertschöpfungssteuer (wie im Abschnitt 11.3 konkret vorgeschlagen) unterliegt keiner EU-Genehmigung. Da in- und ausländische Zahlungen gleichbehandelt werden, ist auch keine Beanstandung durch den Europäischen Gerichtshof zu erwarten.

Die vorgeschlagenen Maßnahmen zur Mindest-Belastung von großen Einkommen und Vermögen sowie einer betrieblichen Besteuerung der Wertschöpfung lassen sich zudem problemlos in ein zukünftiges europäisches Steuersystem einfügen und machen die vorgeschlagenen Maßnahmen zur Begrenzung der Belastungen finanzierbar.

Auch für sozialversicherungspflichtige Einkommen wäre eine deutliche Senkung der nominalen Steuer- *und* Abgabensätze aufkommensneutral möglich, wenn künftig auf *alle* in Deutschland erwirtschafteten Erträge *effektiv* Steuern erhoben würden, und zwar unabhängig vom formalen Steuerheimatland des Empfängers. Damit könnte eine faire und effiziente Finanzierung des Standorts Deutschland im Rahmen eines zukünftigen europäischen Steuersystems sichergestellt werden.

# Literaturhinweise

[Bach, Einkommensteuerstatistik, 2000]
Möglichkeiten zur Modellierung hoher Einkommen auf der Grundlage der Einkommensteuerstatistik. Diskussionspapier Nr. 212, DIW, Berlin (http://www.diw.de).

[Bach, Unternehmensteuerreform, 2001]
Bach, S.: Karrenberg, H.: Die Unternehmensteuerreform. In: Rot-grüne Steuerreformen in Deutschland. Eine Zwischenbilanz. A. Truger (Hrsg.), Metropolis-Verlag, Marburg, 2001.

[Baker/McKenzie, Steuerbelastung, 2001]
Baker/McKenzie: The effective tax burden of companies in the Member States of the EU - the perspective of a multinational investor. March 2001 (http://www.bakernet.com/documents/1547_tx.html).

[BMF, Brühler Empfehlungen, 1999]
Brühler Empfehlungen zur Reform der Unternehmensbesteuerung. Bericht der Kommission zur Reform der Unternehmensbesteuerung, eingesetzt vom Bundesminister der Finanzen. Schriftenreihe des Bundesministers der Finanzen, Heft 66, Juli 1999. Vertrieb: Stollfuß-Verlag, Bonn.

[BMF, Steuerstatistik, 2002]
Lohn- und Einkommensteuerstatistik, Bundesfinanzministerium, Monatsbericht März 2002 (http://www.bundesfinanzministerium.de/Anlage11203/Lohn-und-Einkommensteuerstatistik.pdf).

[BMF, Unternehmensteuerreform, 2002]
Die Unternehmensteuerreform – ein überzeugendes Konzept. Presseerklärung des Bundesfinanzministeriums vom 18.2.2002 (http://www.bundesfinanzministerium.de/Steuern-und-Zoelle/Steuerreform-2000-.463.10807/Die-Unternehmenssteuerreform-ein-ueberzeugendes-...htm).

[Bundesbank, Unternehmenserträge, 2001]
Erträge und Finanzierungsverhältnisse deutscher Unternehmern nach Rechtsformen. Monatsbericht der Deutschen Bundesbank, Dezember 2001

(http://www.bundesbank.de/de/monatsbericht/bericht12/textteil/01/finve
rhdeutunternehmen.pdf).

[BVG, Rentenbesteuerung, 2002]
Bundesverfassungsgericht, Ungleiche Besteuerung von Renten und
Pensionen verfassungswidrig, Urteil vom 6.3.2002 – 2BvL 17/99.
Pressemitteilung vom 6.3.2002 (www.bundesverfassungsgericht.de).

[Deutscher Städtetag, Gemeindesteuersystem, 2001]
Deutscher Städtetag, Positionspapier zu ‚Zukunftsfähigkeit des Gemein-
desteuersystems'. 25.1.2001, Berlin.

[EU, Mehrwertsteuer, 1996]
Ein gemeinsames MWSt-Programm, Kom(96)328 endg.; VAT in the
European Community. Application in the Member States, XXI/541/97,
January 1997
(http://europa.eu.int/comm/taxation_customs/publications/official_doc/
com/taxation/com96-328/com96-328-de.pdf).

[EU, Mehrwertsteuer, 2000]
Strategie zur Verbesserung der Funktionsweise des MWSt-Systems im
Binnenmarkt. 7.6.2000. KOM (2000)348 endg.
(http://europa.eu.int/comm/taxation_customs/publications/official_doc/
com/taxation/com348_2000/com348_2000-de.pdf).

[EU, Steuerstatistik, 2000]
Inventory of Taxes levied in the Member States of the European
Communities, 17th edition. Office for Official Publications of the
European Communities, Luxembourg, 2000.

[EU, Körperschaftsteuer, 2001]
Kommission der Europäischen Gemeinschaften, Brüssel, 23/05/2001,
KOM(2001) 260 endgültig.

[EU, Steuerbasis, 2001]
EU Memorandum Towards an internal market without tax obstacles. A
strategy for providing companies with a consolidated corporate tax base
for their EU-wide activities. [COM(2001)582] vom 23.10.2001.

[EU, Unternehmensbesteuerung, 2001]
Company Taxation in the Internal Market. [SEC(2001)1681], including -
in a separate file - the annexes to the study
(http://europa.eu.int/comm/taxation_customs/whatsnew.htm).

[Europäischer Industrieverband, Steuerreform, 2001]
CEPS task force on EU Corporate Tax Reform. Claudio Radaelli, Joann
Weiner, Juni 2001, S. 43.

[Galbraith, Industriegesellschaft, 1968]
>Galbraith, K.: Die Moderne Industriegesellschaft. Verlag Droemer-Knaur, München/Zürich, 1968.

[Jarass/Obermair, EU Umweltsteuern, 1996]
>Jarass, L. und Obermair, G.M.: Manual: Statistics on Environmental Taxes (‚Handbuch für Statistiken über Umweltsteuer'). Endbericht für die Kommission der Europäischen Gemeinschaften,DG XI – Umwelt und DG XXXIV – Statistisches Amt. Juli 1996 (http://www.JARASS.de, Bereich Veröffentlichungen/Steuern).

[Jarass/Obermair, Staatsdefizit, 1997]
>Jarass, L. und Obermair, G.M.: Kleineres Staatsdefizit und Bekämpfung der Arbeitslosigkeit schließen sich nicht aus. In: Frankfurter Rundschau, 27.12.1997.

[Jarass/Obermair, EU Steuersystem, 1999]
>Jarass, L. und Obermair, G.M.: More Jobs, Less Tax Evasion, Cleaner Environment (‚Mehr Arbeitsplätze, weniger Steuervermeidung, bessere Umwelt'). Endbericht für die Kommission der Europäischen Gemeinschaften, DG XXI, August 1997. Überarbeitete Version, Juni 1999 (http://www.JARASS.de, Bereich Veröffentlichungen/Steuern). Eine deutsche Zusammenfassung der Ergebnisse ist erschienen in: Zeitschrift für Internationales Steuerrecht, 7. Jahrgang, Heft 10, S. 289-293.

[Jarass/Obermair, Steuersysteme in Osteuropa, 2000]
>Jarass, L. und Obermair, G.M.: Structures of the Tax Systems in Estonia, Poland, Hungary, the Czech Republic and Slovenia. Final Report commissioned by the European Commission, DG XXI. May 2000 (http://www.JARASS.de, Bereich Veröffentlichungen/Steuern).

[Jarass, Mindest-Steuer, 1996]
>Jarass, L.: Karlsruher Beschluss erlaubt Mindest-Steuer auf mögliche Kapitalerträge. In: Frankfurter Rundschau, 20.2.1996, S. 13.

[Jarass, Vermögensteuer, 1996]
>Jarass, L.: Plädoyer für die Einführung einer Mindest-Steuer auf Kapitalerträge. Handelsblatt, 10.10.1996, S. 6.

[Jarass, Schlupflöcher, 1998]
>Jarass, L.: Deckel auf die Schlupflöcher. In: DIE WOCHE, 16.1.1998, S. 12.

[Jarass, Quellensteuer, 1999]
>Jarass, L.: Eine Quellensteuer auf alle Zinsen ist kontraproduktiv. In: FAZ, 8.8.1999.

[Jarass, Abschreibungstabellen, 2001]
>Jarass, L.: Neuregelung der Abschreibungstabellen ab 2001. Anhörung

beim Finanzausschuss des Deutschen Bundestages am 15. Januar 2001 (http://www.JARASS.de, Bereich Veröffentlichungen/Steuern).

[Jarass, Gemeindefinanz-Reform, 2002]
Jarass, L.: Gemeindefinanz-Reform – Weiterentwicklung der Gewerbesteuer. 2002 (http://www.JARASS.de, Bereich Veröffentlichungen/ Steuern).

[Jarass, Steuervermeidung, 2002]
Jarass, L.: Steuervermeidung und Steuerflucht – Informationen zur Steueroase Deutschland. In: *Fair*teilen, IG-Metall (Hrsg.), Wochenschau-Verlag, 2002 (http://www.JARASS.de, Bereich Veröffentlichungen/ Steuern).

[Jarass, Zinsbesteuerung in Europa, 2002]
Jarass, L.: Zinsbesteuerung in Europa – Möglichkeiten einer Abgeltungssteuer in Deutschland. Zeitschrift für internationales Steuerrecht, Beck-Verlag, 2/2002 (http://www.JARASS.de, Bereich Veröffentlichungen/ Steuern).

[Kapp, Soziale Kosten, 1963]
Kapp, W.K.: Soziale Kosten der Marktwirtschaft, Fischer-Verlag, Frankfurt, 1979.

[Karrenberg, Gewerbesteuer, 2001]
Karrenberg, H.: Die Steuerpolitik der laufenden Legislaturperiode aus städtischer Sicht. In: Rot-grüne Steuerreformen in Deutschland. Eine Zwischenbilanz. A. Truger (Hrsg.), Metropolis-Verlag, Marburg, 2001.

[Köhler, Investitionsstrukturen, 2001]
Köhler, S.: Ausgewählte Investitionsstrukturen unter neuem Recht, S. 8. In: Auslandsinvestitionen nach der Unternehmensteuerreform. IStR Tagung zum Internationalen Steuerrecht 2001, Beck-Verlag, Frankfurt, 5.11.2001.

[Kordsmeyer, Steuerstatistik, 2002]
Kordsmeyer, V.: Die Einkommensteuerstatistik als Mikrodatenfile. Mikroanalysen und amtliche Statistik (MIKAS). Konferenz des Statistischen Bundesamtes zusammen mit dem Forschungsinstitut Freie Berufe an der Universität Lüneburg am 23./24.1.2002.

[Merz, Einkommensbegriff, 2001]
Merz, J.: Hohe Einkommen, ihre Struktur und Verteilung. Beitrag zum Armuts- und Reichtumsbericht der Bundesregierung. Universität Lüneburg, 13.8.2001 (http://www.uni-lueneburg.de/fb2/ffb).

[OECD, tax competition, 1998]
Harmful tax competition – an emerging global issue. OECD, Paris, 1998.

Viele weitere darauf aufbauende Veröffentlichungen sind unter
http://www.oecd.org erhältlich.

[OECD, Besteuerung, 2001]
Tax and the Economy. A comparative assessment of OECD countries.
OECD, Paris, 2001.

[OECD, Steuerstatistiken, 2001]
Revenue statistics 1965-2000. OECD, Paris, 2001.

[OECD, Umweltsteuern, 2001]
Consumption Tax Trends – VAT, excise and environmental taxes.
OECD, Paris, 2001.

[OECD, Vergleichszahlen, 2001]
Tax ratios: a critical survey. OECD, Paris, 2001.

[Schweizer Finanzministerium, Zahlstellensteuer, 2001]
Zahlstellensteuer, Eidgenössisches Finanzdepartement, Bern. 31.1.2001,
insbesondere Anhang E.

[USA, Steuerreform, 1998]
US General Accounting Office: Potential Impact of Alternative Taxes on
Taxpayers and Administrators. Januar 1998, S. 90, verfügbar unter
www.gao.gov.

[USA, Mindest-Steuer, 2000]
Alternative Minimum Tax – An overview of its rationale and impact on
individual tax payers. USA General accounting office, August 2000,
www.gao.gov.

[ZEW, Steuerbelastung, 2001]
Gutekunst, G. und Schwager, R.: Die Steuerbelastung von Unternehmen
in ausgewählten Regionen. ZEW Mannheim, August 2001, verfügbar
unter www.bakbasel.ch/index.htm.

[Zwick, Steuerstatistik, 2002]
Zwick, M.: Integrierte Mikrodatenfiles in der Einkommensteuerstatistik.
Mikroanalysen und amtliche Statistik (MIKAS), Konferenz des
Statistischen Bundesamtes zusammen mit dem Forschungsinstitut Freie
Berufe an der Universität Lüneburg am 23./24.1.2002 (http://www.uni-
lueneburg.de/fb2/ffb).

# Danksagung

*Wir bedanken uns bei Frau Bettina GROSS, München, bei Frau Dipl. Volkswirtin Anna JARASS, Wiesbaden, und bei stud. inf. Christoph WEIMER, Wiesbaden, für die intensive Durchsicht des Manuskripts und die vielen hilfreichen Verbesserungsvorschläge.*

*Zahlreiche Diskussionen mit Experten und mit persönlichen Freunden haben uns bei Inhalt und Verständlichkeit sehr geholfen, auch dafür unser Dank.*

***Das Buchmanuskript wurde am 15. April 2002 abgeschlossen.***